JUAN VARELA

MUNDO VOLÁTIL

DE LA INCERTIDUMBRE A LA ESPERANZA

WHITAKER
HOUSE
Español

Mundo Volátil
De la incertidumbre a la Esperanza
Juan Varela

Edición: Henry Tejada Portales

ISBN: 979-8-88769-289-0
eBook ISBN: 979-8-88769-290-6
Impreso en Estados Unidos de América
© 2024 por Juan Varela

Whitaker House
1030 Hunt Valley Circle
New Kensington, PA 15068
www.espanolwh.com

Por favor, envíe sugerencias sobre este libro a: comentarios@whitakerhouse.com.

1 2 3 4 5 6 7 8 9 10 11   ᥩ   31 30 29 28 27 26 25 24

ÍNDICE

PARTE 2:
LA TEORÍA DE LAS ANCLAS: CLAVES PARA UNA VIDA CON ESPERANZA

Dedico este libro a las nuevas generaciones que nacerán en este mundo volátil e incierto, para que nunca pierdan la esperanza de que una vida mejor SÍ es posible...

PRÓLOGO

Mientras John Russell sostenía a su hijo Bertrand, al tiempo que el obispo vertía un poco de agua tibia sobre su cabeza, el mundo ya había cambiado para siempre. John había renunciado a su fe para convertirse al deísmo con dieciocho años, y había compuesto una obra que influiría en toda una generación: *Un análisis de las creencias religiosas.*

Las ideas de que la felicidad es el único fin de la acción humana se vieron puestas a prueba en la vida de John cuando su esposa Janet y su hija murieron de difteria. John no pudo superar la pérdida y se dejaría morir poco tiempo después. Bertrand, con apenas seis años, se mudó con su hermano Frank a Pembroke para ser criado por sus abuelos, y sería allí donde rápidamente forjó una gran reputación científica y filosófica.

Bertrand Russell fue el gran enemigo de la filosofía idealista que había regido el mundo desde el siglo XVIII. En su reflexión había que destruir todo lo que no fueran ideas claras y coherentes, convirtiendo a la filosofía en una seudorama al servicio de la ciencia y dejando que la metafísica se extinguiera poco a poco en las hogueras de la razón. El alma humana había muerto. Asimismo, en su libro *Por qué no soy cristiano y otros ensayos*, propagó el ateísmos de la élite europea a las clases medias y bajas, y aunque en su última etapa, con su obra ¿*Soy ateo o agnóstico?*, matizó sus palabras y se inclinó hacia el agnosticismo, el posmodernismo ya había comenzado a extenderse por el mundo. El relativismo, el antidualismo y el reconocimiento de diferentes tipos de saber llevaron su influencia a todas las áreas de la sociedad y la cultura.

Todos los logros de la humanidad como la democracia, los derechos humanos o la tolerancia, se vieron como el reflejo de una cultura etnocéntrica y autoritario-patriarcal, debilitando para siempre la idea occidental de progreso y de la importancia de los valores universales. Se trata del metamodernismo, en el que nos vemos envueltos en la actualidad, donde la estructura del *sentir* se abría paso sobre la del *ser*.

La obra de Juan Varela busca poner bases más sólidas sobre las que asentar esta sociedad que parece descomponerse por momentos. Su Teoría de las Anclas, busca esos vínculos sólidos sobre los cuales recuperar los escombros de la cultura occidental, apoyado en las bases que han logrado mantener unidas a las diferentes sociedades durante siglos. La familia, la integridad o la esperanza son algunas de las propuestas de Varela.

Mundo volátil nos anima a acercarnos a las verdades absolutas por medio de pequeñas fábulas que contienen una profunda enseñanza. El mundo es el resultado de nuestras ideas, y aún estamos a tiempo de revertir la deriva autodestructiva en la que se ha sumergido nuestra sociedad. El hombre sin alma se convierte en un desalmado y termina creando sistemas monstruosos y opresivos como los que reflejan distopías como *1984*, de George Orwell, o *Un mundo feliz*, de Aldous Huxley.

Mientras se adentra en las páginas de este libro, no lo olvide, está en juego mucho, y usted puede convertirse en embajador de esperanza en un mundo que está a punto de diluirse.

Mario Escobar
Escritor de éxitos de venta

INTRODUCCIÓN

"**E**l mundo ha cambiado. Lo siento en el agua, lo siento en la tierra, lo huelo en el aire. Mucho se perdió entonces, pero nadie vive ahora para recordarlo...". Así comienza la saga de *El Señor de los Anillos*, los libros inmortales de J.R. Tolkien llevados a la pantalla por el director Peter Jackson. El nuevo milenio vino inaugurado, entre otros muchos acontecimientos geopolíticos que señalaban un cambio de paradigmas, por el estreno cinematográfico en el año 2001 de estas inmortales películas. *La Comunidad del Anillo* profetizaba con una narrativa épica y apocalíptica, la lucha histórica entre el bien y el mal, el final de una era, cambios vertiginosos que fracturaban el mundo conocido y el orden ancestral establecido.

La nueva realidad social que vivimos está dando paso a un mundo fragmentado, y este nos aboca a un futuro incierto e inestable. Atrás quedó la sociedad sólida de nuestros antepasados marcada por una cosmovisión predecible, ordenada y con visión de futuro. La historia, la política, la filosofía, las tradiciones, ritos y creencias que formaron nuestro universo cultural, se diluyen y desvanecen en una nueva realidad social marcada por cambios y mutaciones que se suceden a un ritmo hiperacelerado y vertiginoso. Aún el medio natural, nuestro planeta tierra, agoniza frente a un cambio climático provocado por la depredación del ser humano y la ambición de poder. Hemos roto los diques de todo lo normativo y predecible, y como consecuencia las aguas se desparraman sin control. Emerge así una nueva arquitectura social, una que nos sitúa en un umbral de transición hacia un nuevo paradigma mundial a la hora de interpretar la nueva "aldea global" en la que nos hemos convertido. El diagnóstico es claro, estamos ante un mundo volátil en fase terminal. Por ello la primera parte de esta obra explica y analiza las características de la sociedad contemporánea, partiendo desde su inicio, para —a través de un análisis de nuestra civilización— llevarnos a una comprensión de las verdaderas causas de la enfermedad social que padecemos.

> **AÚN EL MEDIO NATURAL, NUESTRO PLANETA TIERRA, AGONIZA FRENTE A UN CAMBIO CLIMÁTICO PROVOCADO POR LA DEPREDACIÓN DEL SER HUMANO Y LA AMBICIÓN DE PODER. HEMOS ROTO LOS DIQUES DE TODO LO NORMATIVO Y PREDECIBLE, Y COMO CONSECUENCIA LAS AGUAS SE DESPARRAMAN SIN CONTROL.**

Ante esta inquietante era del vacío, donde corremos el riesgo de ser arrastrados por el tsunami social que vivimos, la existencia del ser humano se vuelve frágil e inestable. Por ello, en medio del mar embravecido de una sociedad líquida, necesitamos puntos de referencia, anclas sólidas que nos aseguren la correcta búsqueda del sentido de la vida. De esto trata la segunda parte del libro, y aquí está su verdadero objetivo: proponer claves para una vida estable, con futuro y esperanza. Auténticas anclas que nos aseguren *raíces*, pero que también nos otorguen *alas*.

PARTE 1

LA ERA DEL VACÍO: CLAVES PARA ENTENDER LA SOCIEDAD CONTEMPORÁNEA

1.1 DE LAS COMUNIDADES ANTIGUAS A LA ALDEA GLOBAL DIGITALIZADA

1.1.1 RADIOGRAFÍA DE LAS SOCIEDADES

DE LAS COMUNIDADES RECOLECTORAS A LA MODERNIDAD LÍQUIDA

 El inicio de la civilización comienza cuando los primeros pobladores de la tierra se organizan en comunidades, tribus, sociedades recolectoras agrícolas y ganaderas, que al asentarse en núcleos permanentes e ir adaptándose al medio, van dando lugar a las distintas culturas que evolucionan de pueblos a ciudades y posteriormente a naciones, base de las civilizaciones posteriores. Cuando somos capaces de organizar la historia y explicarla en una narrativa coherente y en un relato creíble, vamos teniendo el mapa completo de nuestras raíces, y entonces logramos la comprensión necesaria que nos otorga sentido de identidad como raza, civilización y cultura.

El origen del mundo sigue siendo un misterio incluso para la ciencia. La teoría del *Big Bang* es solo una teoría, y hasta que no se demuestre científicamente su veracidad, toda teoría implica cierta dosis de fe, ya que la fe *"es la certeza de lo que se espera, la convicción de lo que no se ve"*[1]; es decir, se trata de la convicción de lo que no se puede demostrar, de aquello que no podemos explicar desde el método empírico, y por lo tanto es una convicción desde la *creencia* y no desde la *ciencia*. El gran matemático y filósofo Pitágoras decía: *"nada nace de la nada"*, y así lo creemos también nosotros. Muchas son las teorías y los relatos mitopoéticos sobre el origen de la vida y el universo, sin embargo, nuestra tesis de partida halla su fundamento base en la Biblia.

---

1. Hebreos 11:1

La Teoría de las Anclas que quiero presentarte en la segunda parte, nace de mi creencia en este libro de los Orígenes, que por cierto no es un relato histórico sino prehistórico, pues no pretende explicarnos *cómo* se creó el mundo sino *para qué* se creó. Es cierto que su validez necesita *a priori* del ingrediente de la fe, pero que aun sin poseerla, existen evidencias demostrables que nos hablan de su autoridad, como el hecho innegable de que sea el libro más vendido y traducido de todos los tiempos, escrito a lo largo de más de 1600 años, en continentes distintos, con autores diversos de toda clase social y raza que escribieron en épocas diferentes y, sin embargo, mantuvieron una coherencia en su argumento e hilo conductor. Aunque sea solo desde "el lado" de las evidencias, esto nos hace entender que hay algo en este libro, avalado cuando menos por su historia y trayectoria, que trasciende la capacidad y comprensión humana y le otorga un peso y autoridad incuestionable.

> CUANDO SOMOS CAPACES DE ORGANIZAR LA HISTORIA Y EXPLICARLA EN UNA NARRATIVA COHERENTE Y EN UN RELATO CREÍBLE, VAMOS TENIENDO EL MAPA COMPLETO DE NUESTRAS RAÍCES, Y ENTONCES LOGRAMOS LA COMPRENSIÓN NECESARIA QUE NOS OTORGA SENTIDO DE IDENTIDAD COMO RAZA, CIVILIZACIÓN Y CULTURA.

En el relato bíblico sobre la creación, explicado en el libro de los Orígenes, el libro de Génesis comienza con la postura creacionista del Diseño Inteligente, donde el Dios fundador de todas las cosas crea el universo dentro de un orden establecido. La creación de Adán y Eva como los primeros seres diseñados va seguida de lo que en teología histórica se llama el *mandato cultural*, mediante el cual Dios otorga el propósito de los primeros pobladores de la tierra: *"fructificad y multiplicaos, llenad la tierra y administrad-la"*.[2] Los primeros hijos de Adán y Eva, según la narrativa bíblica, fueron Caín y Abel, que constituyen el prototipo de las sociedades ganaderas y agrícolas, "pastor de ovejas" uno y "labrador de la tierra" el otro. Y aunque el relato bíblico se centra en unos personajes concretos, no dudamos de la existencia —en ese proceso de expansión— de comunidades aisladas y dispersas, cazadores y recolectores nómadas en dependencia absoluta del medio, que fueron progresando en su calidad de vida y que llegaron a constituirse en asentamientos estables enriquecidos por una agricultura sostenible.

En primer lugar destacamos que la primera ciudad mencionada en la Biblia[3], donde se ven las bases de la civilización, los pilares que luego conformarían el desarrollo de la cultura y las civilizaciones posteriores, fue fundada por descendientes de Caín, que en el relato bíblico se corresponden con los primeros colonos de la tierra. El primer hijo de Caín fue Enoc, y los descendientes de Enoc ponen los pilares que constituirán la organización social de toda civilización posterior: ganadería y agricultura, filosofía y bellas artes, industria y metalurgia.[4] Dichos pilares constituyen la base de la primera civilización y fueron establecidos sobre descendientes del linaje de Caín, el asesino errante,[5] y sobre una ética de vida ya alejada de los principios, la ley y la obediencia a Dios.

---

2 Génesis 1:28
3. Génesis 4:17
4. Génesis 4:17-22
5. Génesis 4:8

- Lamec fue "padre de los que habitan en tiendas y crían ganado"
Precursor de la Industria Ganadera
- Jubal fue "padre de todos los que tocan arpa y flauta"
Precursor de las Bellas Artes y la Cultura
- Tubal-caín "artífice de toda obra de bronce y de hierro"
Precursor de la Industria metalúrgica

Pilares de la 1ª civilización

Después de mencionar en el Libro de los Orígenes, toda la historia de los descendientes de Caín y la fundación de la primera ciudad buscando la autonomía e independencia de Dios, el relato bíblico continúa cuando Eva da a luz a Set, quien iniciaría a través de su linaje la línea piadosa de obediencia a Dios: "*Entonces los hombres comenzaron a invocar el nombre de Jehová*".[6] Caín y Set representan dos tendencias antagónicas en la naturaleza de todo ser humano, se trata de la lucha entre estos dos arquetipos universales: *la independencia* y rebeldía de Caín como individuo autónomo, y *la obediencia* a Dios de Set, como individuo sujeto a la Ley divina. Aquí encontramos el origen de la eterna lucha entre el bien y el mal, el orden y el caos. Por otro lado, y pasando de la teología a la ciencia médica, Freud, padre del psicoanálisis, pensaba en el ser humano como alguien sujeto a dos impulsos antagónicos, *eros* y *thánatos*, uno lleva a la belleza y la vida, y otro a la destrucción y la muerte. Es la historia de nuestra historia.

De esta manera podemos ver que el desarrollo de las civilizaciones se va fraguando en el crisol de diversas culturas; y en esta breve aproximación histórica desde el prisma bíblico solo pretendemos enunciar, ni siquiera introducir, un relato sencillo y coherente

---

6. Génesis 4:26

sobre la creación del mundo, el ser humano, la cultura y la civilización emergente. Así veremos cómo a través del desarrollo histórico de las sociedades hemos llegado al siglo XXI de la Modernidad Líquida, la Sociedad Gaseosa y la Aldea Global Digitalizada.

DEL TEOCENTRISMO AL HUMANISMO CLÁSICO

Después de lo que en historia se llama la Edad Oscura, entramos en La Edad Media, periodo comprendido entre los siglos V al XV, que vino marcado por una visión oscurantista, donde la supremacía del clero dominaba el pensamiento en todos los órdenes de la vida. Se impuso la idea de un Dios de juicio que fiscalizaba, juzgaba y castigaba todo vestigio de disidencia ante las reglas impuestas por un cristianismo totalitario. Se trataba del pensamiento Teocentrista, donde un Dios implacable gobernaba y dictaba las normas en todos los ámbitos de la vida. El pensamiento dualista, que explicaremos más adelante, propició una cosmovisión que consideraba que todo lo que tenía que ver con el cuerpo era pecaminoso, y el alma y el espíritu era lo que había que cultivar. Es la época de los grandes monasterios y la vida ascética. Estos auténticos templos de la meditación y el recogimiento se construían en lo alto de los montes, simbolizando lejanía del mundo carnal y pecaminoso, y cercanía al cielo y lo divino. Las disciplinas espirituales exigían flagelos del cuerpo, ayunos, votos de pobreza y castidad.

La reacción frente al oscurantismo medieval provocó a finales del siglo XV el resurgir del Renacimiento, donde el hombre y sus posibilidades fueron el germen del humanismo clásico. El Renacimiento fue fruto de la difusión de las ideas del mencionado humanismo, que determinó una nueva concepción del hombre y del mundo. Supuso un retorno a los paradigmas de la cultura grecolatina después de siglos dominados por un tipo de mentalidad más rígida y dogmática, propios de la Europa medieval que comenzaba a rebasarse. En esta nueva cosmovisión se planteó una forma más abierta y plural de ver el universo y las posibilidades del ser humano, con enfoques novedosos en todos los campos del arte y del saber, por ello todo experimenta un crecimiento sin precedentes. Las nuevas rutas comerciales propician un avance que acerca naciones y culturas, favoreciendo el inicio del comercio global. Los avances técnicos propiciaron una mejora de la producción agrícola y de las artes en general, así como el hecho del aumento demográfico, lo que dio lugar a un crecimiento de las ciudades apartadas de la estructura feudal.

El vasallaje del pueblo llano a las castas nobles de la Edad Media dio paso a nuevas clases sociales, entre las que destaca la burguesía que se irá poco a poco convirtiendo en la clase social dominante. Resumiendo, el Renacimiento aportó cambios esenciales que transformaron todos los paradigmas de la época, suponiendo el fin del pensamiento religioso del medioevo y del sistema feudal aristocrático, así como el surgimiento de las culturas burguesas y cierto progreso social que sería el germen del incipiente capitalismo e individualismo moderno.

EN ESTA NUEVA COSMOVISIÓN SE PLANTEÓ UNA FORMA MÁS ABIERTA Y PLURAL DE VER EL UNIVERSO Y LAS POSIBILIDADES DEL SER HUMANO, CON ENFOQUES NOVEDOSOS EN TODOS LOS CAMPOS DEL ARTE Y DEL SABER, POR ELLO TODO EXPERIMENTA UN CRECIMIENTO SIN PRECEDENTES.

Posteriormente la Ilustración, que se desarrolló en Europa a partir del siglo XVII, marcó la consolidación de la modernidad, que ya venía emergiendo desde finales del siglo XV, donde se veía con agrado cerrar la puerta a los dogmas de fe y abrirla a los nuevos postulados de la ciencia, la razón y lo empíricamente demostrable. Los descubrimientos científicos e innovaciones tecnológicas eran considerados un estímulo para el progreso tanto material como moral, pues eran capaces de mejorar la calidad de vida de las personas y conducirlas hacia la felicidad fruto del pensamiento liberal y progresista. Los avances realizados mediante el método científico lograron explicar fenómenos hasta entonces enigmáticos o tradicionalmente interpretados por doctrinas teológicas, evidenciándose así distintas leyes de la naturaleza que fueron completando el saber universal.

De esta forma el racionalismo, es decir la razón, sustituyó al mundo de la fe, se terminó con todo lo que tuviera que ver con creencias, ritos y supersticiones propias de la Edad Media, también con lo espiritual y sagrado de una cosmovisión religiosa marcada por el juicio implacable y la cultura de la sospecha, que era vista como la antítesis de la racionalidad. Emerge una sociedad moderna donde la ciencia, la razón y lo empíricamente demostrable serán sus señas de identidad. Todo este pensamiento moderno desplazó el *teocentrismo*, que fue sustituido por el *antropocentrismo*, donde el centro del universo ya no es Dios, sino el hombre y sus posibilidades, germen del individualismo radical como veremos más adelante.

DEL RACIONALISMO A LAS INCERTIDUMBRES POSMODERNAS

La Ilustración continuó su camino humanista por varios siglos, en los cuales el paradigma de la razón, la intelectualidad, la industrialización y tecnologización de las sociedades, unido al desarraigo de los procesos de homosocialización,[7] fue provocando sutilmente una falta de propósito y generando un cierto vacío existencial. Los nuevos aires de la era industrial racional e intelectual no fueron capaces de llenar dicho hueco existencial del ser humano pues se fomentó el "tener" pero no el "ser". Esto provocó la huida del

7. Nos referimos a los procesos culturales (ritos de transición) necesarios para ir superando etapas en la maduración de un ser humano. Mas adelante lo abordaremos.

cristianismo histórico y así la ruptura con los ritos de iniciación no se pudo llenar con las nuevas filosofías de la razón ni con las nuevas políticas, ni con los avances de la ciencia y la cultura. La fe en la razón no trajo identidad, solo intelectualidad. ¿Dónde buscar nuevas respuestas?

Allá por el siglo XVIII emerge con fuerza la Revolución Industrial, que fue un proceso de transformación económica y social que marcaría el inicio de la Era Tecnológica. Las innegables ventajas de la industria y la aparición de incipientes tecnologías, favorecieron un progreso sin precedentes que trajo la consolidación de la economía y el progreso de potencias emergentes, dando paso poco a poco a un enfrentamiento y lucha entre dos cosmovisiones sociales y políticas antagónicas: comunismo y capitalismo.

Llegados a este punto y dando un salto cuantitativo, nos interesa ir hablando de la Posmodernidad, que fue una corriente cultural caracterizada por la muerte de todos los ideales que mantuvieron en pie la dignidad y la esperanza del hombre hasta el siglo XX. Dicho siglo marcó una etapa de profundos contrastes: dos guerras mundiales, múltiples revoluciones, dictaduras militares, auge del capitalismo y de los ideales socialistas y comunistas, desastres ecológicos, aumento del contraste entre ricos y pobres, etc. A lo largo de todo el siglo XX la sociedad se fue desencantando del *statu quo* imperante, lo que provoca el nacimiento de movimientos alternativos como el movimiento *hippy* en los estados Unidos, las revueltas sociales de mayo del 68 francés, la Revolución Sexual, etc. Posteriormente, y llegado el final del siglo XX, los nuevos vientos de la cultura posmoderna comenzaron a soplar con fuerza. Por tanto, la época que nos ha tocado vivir no solo coincide con el cambio de milenio, sino que además hemos asistido con el fin del siglo XX y el comienzo del XXI, a un auténtico derrumbe de todos los sistemas filosóficos, políticos, morales y religiosos que han servido de baluarte durante la época moderna. Esta falta de fe en la humanidad en general fue provocando mentalidades cada vez más cercanas al individualismo radical, del cual hablaremos también más adelante.

> **LA RUPTURA CON LOS RITOS DE INICIACIÓN NO SE PUDO LLENAR CON LAS NUEVAS FILOSOFÍAS DE LA RAZÓN NI CON LAS NUEVAS POLÍTICAS, NI CON LOS AVANCES DE LA CIENCIA Y LA CULTURA. LA FE EN LA RAZÓN NO TRAJO IDENTIDAD, SOLO INTELECTUALIDAD. ¿DÓNDE BUSCAR NUEVAS RESPUESTAS?**

Tradicionalmente las generaciones se contaban cada cuarenta años. Ahora, y ya sumidos en los inicios del nuevo milenio y en la aceleración social sin precedentes que vivimos, las generaciones se cuentan cada veinte años, y en ritmo decreciente. Los niños que nacen ahora vivirán unas claves, paradigmas y formas de entender la vida que cambiarán radicalmente en veinte años, y hasta en menos, lo que provoca que no haya una transmisión cultural homogénea, perdiéndose así el sentido de continuidad generacional. Por primera vez en la historia los progenitores de las nuevas generaciones carecen de competencias y sentido de continuidad sobre una sociedad tan cambiante, que les invalida el ser transmisores de un saber y de una cultura que muta demasiado rápido. Esto provoca una ruptura en la transmisión de la tradición generacional.

El nuevo milenio, al que muchos denominan "el milenio de la incertidumbre", vino inaugurado en 2001 por la caída de las Torres Gemelas en Nueva York, pues dicho atentado terrorista cambió radicalmente la cosmovisión, particularmente del mundo Occidental. Estados Unidos, primera potencia mundial, que ya venía perdiendo la hegemonía de ser el árbitro de la escena global, ve con estupor cómo su sentido de fortaleza y seguridad se ve seriamente amenazado. Poco después, y tras la invasión de Irak, la radicalización de facciones y grupos terroristas islámicos acabaron por dar lugar al nacimiento del Estado Islámico, el Isis, donde todo el mundo observa con estupor y preocupación sus actos terroristas de secuestro, atentados y decapitaciones "en línea".

La mencionada cultura de la incertidumbre sigue llegando a Occidente, particularmente a Europa, donde los movimientos de una clase política radicalizada asumen los postulados de las ideologías de género, que en una auténtica colonización ideológica llega incluso a traspasar todo el arco político, consiguiendo la transversalidad del mismo y la llegada de la dictadura de género.

Por si no tuviéramos bastantes dosis de incertidumbre, la primera generación del nuevo milenio, los primeros 20 años, terminaron coronados con la puntilla final de la pandemia, que paralizó el mundo. Según datos de la OMS provocó la muerte de más de 9 millones de personas, añadiendo además de la incertidumbre, un sentido de fragilidad e indefensión a la vida humana. Pero la segunda generación del nuevo milenio, es decir del 2021 en adelante, viene pisando fuerte. La invasión de Ucrania por parte de Rusia y la guerra de Israel en Oriente Próximo, aparte de provocar una desestabilización de la economía mundial debido a la globalización, está favoreciendo la polarización entre Oriente y Occidente. Es cierto que todavía no podemos hablar de guerra mundial, pero sí de "guerras mundializadas", pues los países en conflicto reciben ayudas y armamento de sus aliados de ambos bandos, provocando una situación geopolítica inestable y generando una inflación de "efecto dominó" en todo el planeta.

Y no podemos dejar de mencionar el cambio climático y el calentamiento global, que están alterando y mermando la producción y calidad de los productos agrícolas de primera necesidad. Todo esto debido a las sequías persistentes y a las lluvias torrenciales provocadas por fenómenos como las recurrentes Depresiones Altas en Niveles Atmosféricos (DANA), el NIÑO o NIÑA según sean procesos de calentamiento o enfriamiento, junto con otras inestabilidades meteorológicas, algunas con nombres tan inquietantes como la "ciclogénesis explosiva".[8] En muchos países los Centros Comerciales se convierten en auténticos refugios climáticos ante el calentamiento global, ofreciendo ocio y alimento entre palmeras, lagos artificiales y aire acondicionado. En realidad estamos recogiendo los frutos amargos y podridos de una siembra donde los intereses económicos, geopolíticos, y el ansia desmedida de poder y control, han sido los detonantes de la depredación del medio tanto natural como social, junto con sus funestas consecuencias.

> EN MUCHOS PAÍSES LOS CENTROS COMERCIALES SE CONVIERTEN EN AUTÉNTICOS REFUGIOS CLIMÁTICOS ANTE EL CALENTAMIENTO GLOBAL, OFRECIENDO OCIO Y ALIMENTO ENTRE PALMERAS, LAGOS ARTIFICIALES Y AIRE ACONDICIONADO.

1.1.2 LOS NUEVOS ENTORNOS VOLÁTILES Y DE ANSIEDAD

LAS COMPLEJIDADES DE UN MUNDO A LA DERIVA

La vieja Europa, locomotora de Occidente hasta ahora, está en fase terminal. La influencia cultural del cristianismo se extingue, alentada por la era de la posverdad, por el neopaganismo, por la ideología de género, por el ataque a la familia natural, por la irrupción del "Dios estado" que usurpa funciones y

---

8. Se trata de la génesis, es decir el nacimiento de un potente e inesperado ciclón

privilegios que solo competen a la familia, y por el inquietante concepto griego de la *oclocracia*, término que ampliaremos más adelante, y donde lamentablemente muchos gobiernos se legitiman no por la democracia (gobierno del pueblo) sino por la oclocracia, es decir por el gobierno de la muchedumbre, de la masa alienada poco pensante y muy manipulable, a la que se engaña con platos de lentejas populistas. Con todo esto, Europa se tambalea y el efecto dominó de todas las causas mencionadas se extiende a toda la Aldea Global. Ya hemos mencionado que la pandemia nos ha dejado un escenario preocupante, que unido a los conflictos bélicos, donde la estabilidad política y la economía global están siendo duramente atacadas, nos dirige a una crisis de dimensiones planetarias. ¿Qué viene después?

La historia nos enseña algunas cosas interesantes a aplicar en la actual situación mundial, donde el poder económico/tecnológico sigue marcando el rumbo. Veamos el siguiente esquema:

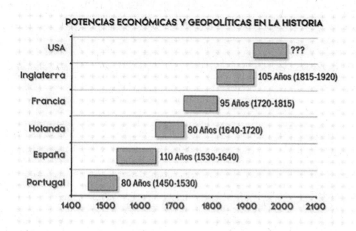

Este esquema representa los países que a lo largo de la historia ostentaron la hegemonía económica mundial. Ninguno duró más de 110 años. Actualmente dicha hegemonía está todavía liderada por Estados Unidos, que lleva cerca de 100 años. Si seguimos la medida de la historia, a Estados Unidos no le queda mucho tiempo. Una pregunta legítima sería saber qué aspectos o situaciones provocan que la hegemonía económica mundial pase de un país a otro. Y son dos cosas fundamentalmente: guerras mundiales y/o gravísimas crisis económicas. La guerra comercial entre China y USA lleva años servida, mientras que la grave crisis económica global iniciada tras la pandemia y avivada por los conflictos bélicos ya mencionados, que caldean y polarizan cada vez más los ejes Occidental y Oriental, ha sumido el escenario económico mundial en una auténtica situación de conflictos globalizados.

La XV Cumbre de los BRICS, que es una organización o foro político y económico, se celebró en agosto de 2023, fue fundada por Brasil, Rusia, India, China y Sudáfrica (que se corresponde con las siglas BRICS) y a la que pronto se sumarán otros países. Se trata de economías emergentes, y algunas como China, ya liderando la vanguardia de la industria tecnológica mundial —y que buscan competir en un abierto desafío al G7,[9] que mayormente representa al eje Occidental— con las intenciones de acabar gobernando el rumbo de la economía y la geopolítica global, en una búsqueda de la supremacía del Eje Oriental. Son hipotéticos y posibles escenarios a considerar.

Estamos en un mundo globalizado donde el poder de las economías dominantes seguirán influenciando las políticas de un gran número de países. Estas economías no está solo en manos de algunos países, sino también en instituciones públicas como el Fondo Monetario Internacional (FMI), la Organización Mundial de la Salud (OMS) y otras organizaciones tanto de carácter público como privado.

9. El Grupo de los Siete es un foro político intergubernamental conformado por Estados Unidos, Canadá, Alemania, Francia, Italia, Japón y Reino Unido. Siendo toda la Unión Europea miembro de derecho. Excepto Japón, hablaríamos del eje Occidental.

El endeudamiento de muchas naciones para hacer frente a la situación pospandemia, junto con la crisis global que provocó, y el hecho de ser subvencionados por organismos como la Unión Europea o el propio Fondo Monetario Internacional, no está saliendo gratis, y supone en cierta medida para estos países la pérdida parcial de su soberanía nacional, al tener que asumir en calidad de endeudados las condiciones impuestas por el acreedor, por ejemplo en materia de políticas sociales liberales vendidas a los postulados de las ideologías del género. Los estados estrechan el cerco de nuestras libertades asumiendo competencias y recortando derechos ciudadanos. El control del estado poco a poco nos va relegando a la única esfera en la que todavía podemos tener cierta soberanía: la familia, Chesterton, hace casi un siglo, lo predijo en una de sus célebres frases: *"la familia va a ser la única célula de resistencia contra la actual tiranía".*

Este caos posmoderno produjo una pérdida de horizontes y de referentes en todos los órdenes de la vida. Da la sensación que el mundo está en fase terminal. Esta desorientación en cuanto a todo, favoreció un vació existencial, que a su vez y por reacción, provocó cuatro de las características principales de la sociedad posmoderna y la cultura líquida: hedonismo, individualismo, relativismo y narcisismo. El lema para cada una de estas características sería: "el placer por el placer", "yo me basto", "todo vale, no hay verdades absolutas", "yo soy el centro del mundo". Es decir, las personas se repliegan sobre sí mismas buscando vivir el día a día, pues el futuro se presenta incierto, sin fe ni esperanza.

Hedonismo: *"El placer a cualquier precio"*

Individualismo: *"Yo me basto"*

Relativismo: *"No hay verdades absolutas"*

Narcisismo: *"Yo soy el centro de mi existencia"*

Características de la Cultura Líquida

DE UN ENTORNO SÓLIDO A UN ENTORNO FRAGMENTADO

El universo, el cosmos, todo lo creado posee una armonía que nos habla de leyes naturales marcadas por un orden establecido. Por ello la observación del medio natural y sus leyes de funcionamiento, nos proveen poderosas analogías y enseñanzas que debemos aplicar al campo de lo social y aun al plano de lo espiritual. Es lo que vamos a hacer con los estados de la materia, que son básicamente 3: sólido, líquido y gaseoso. Dichos estados se podrían corresponder en una analogía del mundo natural a un hipotético paisaje de montaña donde encontramos la solidez de una roca, la fluidez de un río y la vaporosidad de una nube.

Para poder entender por qué la materia está en un estado o en otro, es necesario saber cómo están organizadas las partículas[10] que componen dicha materia. Dependiendo de la unión e intensidad de las partículas, hablamos de estado sólido, líquido o gaseoso. Las partículas están en continuo movimiento, desplazándose en todas las direcciones del espacio. Estas partículas, dependiendo de la distancia, ejercen poderosas fuerzas de atracción entre sí, lo que provoca que se mantengan unidas, o más separadas, en función de la mencionada distancia. De modo que dependiendo de la intensidad de las fuerzas de atracción y de la distancia entre las partículas, la materia se encontrará en los mencionados estados: sólido, líquido o gaseoso.

El punto clave reside en el grado de movimiento de los átomos[11] que las componen. Ya hemos explicado que la materia está formada por un conjunto de partículas que están en constante movimiento. En un gas, los átomos se encuentran libres y se desplazan a voluntad por todo el espacio disponible, evidenciando

---

10. Las partículas son objetos localizados que tienen propiedades físicas como masa, carga, volumen y densidad, y que pueden transportar energía. Las partículas tienen diferentes tamaños, desde grandes moléculas formadas por muchos átomos unidos entre sí, hasta átomos y partículas subatómicas más pequeñas.
11. Un átomo es la parte más pequeña de la materia.

la característica de los gases, que es la de su volatilidad al ocupar siempre todo el espacio del que dispongan. En el caso de los líquidos, la distancia entre los átomos no es tan grande, encontrándose más juntos y moviéndose con menor velocidad. Esta es la razón por la que un líquido ocupa un volumen fijo, pero tiene la capacidad de expandirse sobre distintas superficie y adoptando múltiples formas.

Por último, en el estado sólido, los átomos se encuentran muy próximos, y por lo tanto carecen de movimiento libre. Por ello, los sólidos ocupan un espacio concreto y no varían su volumen en el tiempo. Esto último es importante pues según la teoría cinético molecular, la fuerza que une a los átomos entre sí se conoce como *fuerza de cohesión*. El nombre viene debido a que los sólidos tienen mayor presencia en estas uniones, es decir, están más cohesionados que un líquido o un gas. Podríamos decir que la fuerza de cohesión favorece un orden predecible, mientras que la poca o nula fuerza de cohesión, provoca volatilidad y dispersión.

En palabras de Galadriel con las que comenzábamos la introducción, la princesa elfa también alude a estos estados de la materia cuando dice: *"Lo siento en la tierra* (sólido), *en el agua* (líquido), *en el aire* (gaseoso). Pero en el mundo real será el sociólogo Zygmunt Bauman quien inaugura el inicio de estas metáforas tan descriptivas, cuando publica su libro Modernidad Líquida. Por ello, y aplicado al campo de la sociología, las analogías que podemos encontrar son muchas e interesantes. *Las fuerzas de cohesión*, que en estados naturales mantienen unidas las partículas y permiten la solidez de determinados elementos, tiene su aplicación sociológica en que "las partículas" de la ética, la verdad, los valores de convivencia y justicia, la búsqueda de un bien común, las tradiciones y ritos de una cultura homogénea, etc., provocan cohesión social y favorecen sociedades sólidas y permanentes.

Por el contrario, en las sociedades líquidas, al no tener tanta coincidencia entre elementos culturales comunes, se produce en ellas la desaparición de muchas de las *fuerzas de cohesión común*, provocando sociedades donde todo va muy aprisa y sin rumbo definido, en una fluidez que genera individualismo, ausencia de valores culturales homogéneos y normativos, y por lo tanto inestabilidad y cambio continuo. Finalmente, en las sociedades gaseosas no encontramos *fuerzas de cohesión común*, y por lo tanto todo se vuelve impredecible e inestable, como si flotáramos en un universo ilimitado, en una tierra de nadie donde todo es posible. No hay un mapa conceptual que nos ayude a describir y situar casi nada, porque todo está en continuo movimiento. Las sociedades gaseosas no es que estén fragmentadas, están volatilizadas, desintegradas, y por lo tanto, al estar tan distanciadas, se hiperaceleran y desaparecen.

EN LAS SOCIEDADES GASEOSAS NO ENCONTRAMOS *FUERZAS DE COHESIÓN COMÚN*, Y POR LO TANTO TODO SE VUELVE IMPREDECIBLE E INESTABLE, COMO SI FLOTÁRAMOS EN UN UNIVERSO ILIMITADO, EN UNA TIERRA DE NADIE DONDE TODO ES POSIBLE. NO HAY UN MAPA CONCEPTUAL QUE NOS AYUDE A DESCRIBIR Y SITUAR CASI NADA, PORQUE TODO ESTÁ EN CONTINUO MOVIMIENTO.

Sociedades Modernas. Estado sólido: *predecible*

Sociedades Líquidas. Estado fluido: *impredecible*

Sociedades Gaseosas. Estado vaporoso: *incomprensible*

Involución de las sociedades

¿SOCIEDAD LÍQUIDA O UNIVERSO GASEOSO?

Ahora vivimos en un mundo dominado por el *entorno V.U.C.A.*, y *el espacio liminal*. El término VUCA alude a las iniciales en inglés de Volatilidad, Incertidumbre, Complejidad y Ambigüedad. Este concepto nace a principios de los 90, acuñado por el ejército norteamericano en cuanto al estado actual de la geopolítica mundial, donde la globalización y la era digital reducen distancias y fronteras. El arte de la guerra, tradicionalmente polarizado durante y después de la guerra fría en los grandes ejes de Oriente y Occidente, encabezados por Estados Unidos y Rusia, se desvanece dejando espacio a un escenario ambiguo donde el enemigo puede estar en cualquier parte. Esto quedó constatado cuando el inicio del siglo XXI vino marcado por los ya mencionados atentados a las Torres Gemelas en Estados Unidos. A partir de ese momento se hizo patente a nivel mundial que estamos en una nueva forma de entender la guerra convencional y las reglas de juego en los conflictos internacionales.

Es a partir de entonces donde el término VUCA viene a extenderse al mundo de los negocios y el marketing empresarial, y de ahí con todos los cambios sociales ya vistos se aplica "como anillo al dedo" a la realidad global que vivimos. Luego está lo que se llama "espacio liminal", se trata de un término acuñado por el etnógrafo Arnold Van Gennep, y se refiere al espacio o experiencia de transición de una etapa a otra. Alude al estado de transitoriedad y ambigüedad que caracteriza a la fase intermedia de un tiempo a otro, lo que podríamos llamar umbral de transición. Ya hemos traspasado ese umbral donde cerramos la puerta a la Revolución Industrial mientras ingresamos en la Revolución Digital, donde la nueva filosofía social de la que partimos, nos conduce a la realidad de un entorno VUCA, es decir un mundo volátil, incierto, complejo y ambiguo.

El psiquiatra Jesús de la Gándara menciona al respecto: *"esta hiperaceleración tiene como consecuencia la obsolescencia extraordinariamente veloz de todas las cosas y de todos los temas"*.[12] Dado que vivimos en un mundo hiperacelerado marcado por esta obsolescencia programada,[13] donde todo tiene una fecha de caducidad y pocas cosas son permanentes, el entorno VUCA está dando paso a lo que el antropólogo Jamais Cascio denomina el entorno B.A.N.I.

Los entornos BANI hacen referencia a momentos quebradizos, ansiosos, no lineales e incomprensibles. Hace alusión a las iniciales de *Brittle, Anxious, Nonlinear e Incomprehensible*, que en español traducimos por frágil, ansioso, no lineal e incomprensible. Tiempos de caos. Es decir, situaciones derivadas de una crisis sistémica donde el entorno VUCA ha quedado obsoleto, y en la situación actual, definida por la crisis pospandemia, los conflictos bélicos, el desabastecimiento, la inflación, el riesgo energético y el cambio climático, es más adecuado hablar de entornos BANI. En consecuencia, se trata de una nueva realidad global donde todo se muestra frágil, volátil, quebradizo y no lineal, es decir incomprensible, y donde —como consecuencia— todo se vive desde una dimensión ansiosa llena de incertidumbre. Como apunta el filósofo José Mármol: *"Vivir en tiempos de una fuerte ambigüedad moral provoca un estado de incertidumbre permanente y una angustia patológica"*.[14]

Es cierto que avanzamos inexorablemente desde el concepto de sociedad líquida hacia la realidad distópica de un universo gaseoso. El término "gaseoso" viene de la palabra *gas*, que a su vez proviene del término griego *caos*, que implica desorden. En la sociedad gaseosa que va llegando, todo es efímero en su vertiginosa aparición y desaparición: modas, modelos, estética, relaciones

---

12. De la Gándara, Jesús, Cibernícolas, Plataforma, Barcelona 2016 p.13
13. Acción intencional que hacen los fabricantes para que los productos dejen de servir en un tiempo determinado.
14. Fuente internet: https://blogs.comillas.edu/FronterasCTR/?p=6742

interpersonales, etc., es la cultura de la infoaceleración en todo. Al respecto son particularmente gráficas las palabras de la filósofa María N. Lapoujade:

"Sin llegar a estas situaciones límite, y parafraseando a Karl Jaspers, el caótico movimiento atómico y molecular en cualquier dirección con una marcada inestabilidad, caracteriza muy adecuadamente las relaciones institucionales, laborales, sentimentales, las relaciones de pareja, relaciones familiares, etc. Asimismo, en general las posiciones políticas, religiosas, educativas, y muy enfáticamente los valores éticos y estéticos, están sometidos a vaivenes y cambios abruptos, ausencia de autenticidad, es un caos donde parece caber cualquier postura, y todo "vale" lo mismo... los cuatro puntos cardinales son escenarios de movimientos de partículas regidas por fuerzas, no ya de atracción sino de repulsión, individuos desgranándose, en diversos estados de desintegración".[15]

ES CIERTO QUE AVANZAMOS INEXORABLEMENTE DESDE EL CONCEPTO DE SOCIEDAD LÍQUIDA HACIA LA REALIDAD DISTÓPICA DE UN UNIVERSO GASEOSO.
EL TÉRMINO "GASEOSO" VIENE DE LA PALABRA *GAS*, QUE A SU VEZ PROVIENE DEL TÉRMINO GRIEGO *CAOS*, QUE IMPLICA DESORDEN. EN LA SOCIEDAD GASEOSA QUE VA LLEGANDO, TODO ES EFÍMERO EN SU VERTIGINOSA APARICIÓN Y DESAPARICIÓN

Por otro lado y siempre sirviéndonos de las analogías con el mundo natural, los 4 elementos de la naturaleza son tierra, aire, agua y fuego. Comparándolo con los 3 estados de la materia, podríamos decir que a nivel social ya hemos transitado por lo sólido de la tierra, lo líquido del agua y navegamos hacia lo gaseoso

15. Lapoujade, María Noel, Perspectivas de la imaginación. Las sociedades gaseosas, Heúresis, Mexico 2022, p. 11

del aire. ¿Qué nos queda? Nos queda el fuego, que puede implicar purificación, pero también destrucción, o ambas cosas. Suena bastante apocalíptico ¿verdad? Es cierto, pero conviene recordar que lo importante no es cómo comienzan o se desarrollan las situaciones, sino como terminan. Frente a tanto pesimismo a la hora de analizar nuestra historia y adelantándome a la segunda parte del libro, a riesgo de que suene un poco enigmático y hasta paradójico, tengo una gran verdad que anunciar: *lo mejor está por venir...*

1.1.3 DE LOS ABSOLUTOS A LA ERA DE LA RELATIVIDAD

LA NARRATIVA DE LAS EMOCIONES Y LA INFORMACIÓN TÓXICA

El poeta y filósofo español J.A. Santayana es el autor de la famosa frase: *"Quien no conoce la historia está condenado a repetirla"*. Y es que contemplar el pasado nos ayuda a entender el presente y a prever el futuro. Hemos mencionado, dentro de las incertidumbres del nuevo milenio, cómo el pensamiento popular de las sociedades líquidas ha hecho resurgir el viejo concepto de la *oclocracia*. Este término griego, acuñado por el filósofo e historiador Polibio hacia el siglo II A.C., nace en el contexto de su obra donde defiende la *teoría de la anaciclosis*. Dicha teoría describe una sucesión cíclica de regímenes políticos, que debido al principio de la depravación del ser humano, tienden a degenerarse.

La democracia nace amparada en principios sustentados en la Biblia sobre la división de poderes y la ética de los gobiernos, fundamentada en el hecho innegable de la depravación del ser humano por la cual el poder no debe sustentarse sobre una sola persona, como ocurría con los gobiernos absolutistas, sino estar colegiado y consensuado por poderes independientes. Asimismo, la Declaración Universal de los Derechos Humanos recoge el mismo espíritu cuando reivindica los valores universales de verdad, justicia, libertad, etc. Dos de los principales pilares que fundamentan la democracia, y por la cual se tambalea, son la libertad de conciencia y la libertad de expresión.

Lamentablemente los tiempos actuales se caracterizan por una imposición de las políticas de género, que convierten en auténticos dogmas de fe sus postulados ideológicos, recortando y penalizando el derecho a la disidencia y al pensamiento contrario, es decir mutilando los mencionados pilares de libertad de conciencia y expresión. Al estar mortalmente herida la democracia, cuyo significado etimológico es *"el gobierno del pueblo"*, se devalúa en sus bases convirtiéndose en *oclocracia* (del griego *oclos* que significa muchedumbre), es decir el gobierno de la masa poco pensante, controlada, manipulada y alienada. Como ingenuas marionetas, en la oclocracia los hilos son dirigidos por las directrices de los gobiernos populistas, quienes bajo el viejo lema del imperio romano *"pan y circo"* mantienen mediante pequeñas subvenciones y grandes diversiones, aborregada y bajo control a las gentes y poblaciones.

Pero lamentablemente el concepto se sigue devaluando, y amparado por el vacío existencial de nuestros tiempos, damos la "bienvenida" a la Emocracia, (gobierno de las emociones), una forma de seudocultura amparada en los sentimientos, y donde la emoción ya ha superado a la razón. En su obra "El discurso del Método" el filósofo René Descartes allá, por el siglo XVII, pronunció su famosa frase *"cogito ergo sum"* es decir, *"pienso luego existo"*, como uno de los principios del conocimiento y razonamiento del ser humano. Bajo la actual Modernidad Líquida y Cultura Gaseosa, el lema es *"siento luego existo"*, es decir, ya no estamos gobernados por el principio del conocimiento, sino por el principio del sentimiento y la emoción como valores supremos a idolatrar. El gran problema, y la trampa que dota de un extraordinario poder a la Emocracia, es el siguiente axioma: quien controla las emociones, acaba controlando las decisiones.

> COMO INGENUAS MARIONETAS, EN LA OCLOCRACIA LOS HILOS SON DIRIGIDOS POR LAS DIRECTRICES DE LOS GOBIERNOS POPULISTAS, QUIENES BAJO EL VIEJO LEMA DEL IMPERIO ROMANO *"PAN Y CIRCO"* MANTIENEN MEDIANTE PEQUEÑAS SUBVENCIONES Y GRANDES DIVERSIONES, ABORREGADA Y BAJO CONTROL A LAS GENTES Y POBLACIONES.

El discurso y la narrativa de que *"lo importante es lo que sientas, que te liberes de toda imposición cultural y seas tú mismo, que experimentes y seas feliz"*, dentro del nuevo hedonismo contemporáneo, deja al ser humano en un vacío existencial y a la intemperie, donde la ausencia de límites y valores normativos no deja otra opción que abandonarse al instinto de las emociones, viviendo como seres irracionales vendidos a la cultura del placer instantáneo como única forma de mitigar tanto sinsentido y caos existencial.

Pero el nivel de estupidez continúa su frenética degradación, y así desembocamos en el concepto de la *infocracia*. Se trata del incesante bombardeo de información, que a lomos de la vertiginosidad de las modernas autopistas de la información, martillea nuestras mentes y llega a tal grado de toxicidad que consigue manipular las voluntades de las personas, que sin una narrativa coherente, donde hemos disuelto todo vestigio de concepto absoluto, navegan a la deriva de la intoxicación informativa. Miremos las famosas *fake news*, auténticos bulos informativos que continúan navegando en redes a pesar de haber sido desmentidos hasta la saciedad. Al respecto, Byung-Chul Han, filósofo y experto en estudios culturales,

comenta: "*Aturdidos por el frenesí de la comunicación y la información, nos sentimos impotentes ante el tsunami de datos que despliega
fuerzas destructivas y deformantes. Hoy la digitalización también
afecta a la esfera política y provoca graves trastornos en el proceso
democrático. Las campañas electorales son guerras de información que
se libran con todos los medios técnicos y psicológicos imaginables. Los
bots —las cuentas falsas automatizadas en las redes sociales— difun-
den noticias falsas y discursos de odio e influyen en la formación de la
opinión pública. Los ejércitos de trolls intervienen en las campañas
apuntalando la desinformación*".[16]

Resumimos este apartado, donde analizamos la progresiva
devaluación de la democracia, con el siguiente esquema:

Democracia: *gobierno del pueblo*
Oclocracia: *gobierno de la muchedumbre*   **Proceso hacia**
Emocracia: *gobierno de las emociones*   **la Cultura**
Infocracia: *gobierno de la intoxicación*   **Gaseosa**
informativa

EL DILEMA DE CREER EN TODO O DE NO CREER EN NADA

Ya hemos visto que la época de la Ilustración nace en el siglo XVIII
como reacción a los dogmas de fe dominantes en el medievo. La
Ilustración inauguró de alguna forma la cultura de la "increencia"
donde todo debía tener una explicación razonada desde la ciencia,
y donde todo lo que no fuera demostrable empíricamente, no debía
ser considerado con seriedad. Se trataba de rebasar las supersticiones, los milagros, y la fe ciega en lo que no se puede demostrar,
para acabar entronando al racionalismo como el nuevo paradigma
a seguir. No sería hasta el inicio de la Revolución Sexual (mayo 68)
donde comenzaría una nueva espiritualidad basada en filosofías

---

16. Fuente internet: https://www.nollegiu.com/es/libro/infocracia_63923

orientalistas, y que en Occidente fue rebasando al cristianismo tradicional e histórico. Pero será en la Posmodernidad, allá por los años ochenta, y sobre todo en la Modernidad Líquida, en la que todavía nos encontramos, donde realmente comience un cambio de nuevo hacia el concepto de la *pancreencia*[17] bajo el lema *"no es que ahora no se crea en nada, sino que se cree en cualquier cosa"*.

Hace años en una visita a Cuba, paseábamos con mi esposa por las calles de La Habana, cuando observamos a una oronda señora ataviada con un vestido multicolor y fumando un habano de dimensiones notables. Estaba sentada y frente a ella, en una pequeña mesita tipo taburete, tenía unas cartas y otros objetos diversos. Se trataba de una santera que ofrecía sus servicios de adivinación y curas espirituales basados en una mezcla de ritos africanos y tradición cristiana. Intrigado, y con cierta curiosidad por conocer las creencias de la señora, me acerqué y le pregunté directamente en qué creía ella. Su amable respuesta constituyó todo un modelo de la cultura de la pancreencia en la que nos hallamos. Su respuesta fue: *"mi amol, yo creo en lo que tú quieras"*.

A la par que la cultura de la superficialidad inicia su camino, surge la *neorreligiosidad* que bebe de distintas fuentes. Volvemos a hablar de la sacralización de lo profano, pareciera una vuelta a los viejos postulados, después de la secularización tradicional iniciada con la Modernidad. Pero ahora se trata de "rizar el rizo", de buscar nuevos caminos fuera de lo convencional y de lo establecido. No se trata, por tanto, de recuperar los valores cristianos ni los sanos procesos de homosocialización, sino más bien de una búsqueda desesperada de nuevas fronteras de lo trascendente, sin importar de dónde vengan. Así renacen con más fuerza sincretista las filosofías y las nuevas seudorreligiones de matiz orientalista tipo Nueva Era, surgiendo así un inusitado interés por una espiritualidad de

---

17. Del griego *"pan"* que significa "todo", es decir, la pancreencia es la creencia en cualquier cosa

corte esotérico y sincretista. Lo que Torralba denomina como *"el politeísmo espumoso".*

Cuenta la historia que un gurú venido de occidente se encontraba dictando una conferencia sobre "espiritualidad cósmica" en una sala llena de ventanales a ambos lados, por los que entraba abundante luz. Hablaba sobre el concepto tan "políticamente correcto" de que todas las religiones poseen algo de verdad, pero ninguna es la verdad como concepto absoluto. Señalando a las ventanas, decía que cada filosofía o religión es como una ventana por la que entra luz, todas las ventanas tienen luz, pero ninguna es la luz completa. Así, bajo el pensamiento sincretista, todas las creencias representan verdades parciales de una deidad cósmica y universal. Son las modernas filosofías de la seudocultura gaseosa.

En la década de los 60 los Beatles pusieron de moda las filosofías orientalistas sobre la meditación, la paz y el amor. Algunos lo llamaron "la mística de los Beatles", que realmente impregnó generaciones posteriores con aires esotéricos y solidarios que alimentaron las rebeliones juveniles que buscaban autenticidad y una vida natural. Yo fui uno de esos jóvenes que se vio embrujado por los encantos de la cultura *hippy*, pero sobre todo por la búsqueda de una creencia auténtica, más allá del rancio legado de un cristianismo nominal y religioso.

> **BAJO EL PENSAMIENTO SINCRETISTA, TODAS LAS CREENCIAS REPRESENTAN VERDADES PARCIALES DE UNA DEIDAD CÓSMICA Y UNIVERSAL. SON LAS MODERNAS FILOSOFÍAS DE LA SEUDOCULTURA GASEOSA.**

Durante dos años formé parte de una secta orientalista, los seguidores de la Luz Divina cuyo maestro supremo era el gurú Maharaji. Asistíamos a los Festivales de la Luz y el Color que comenzaban introduciendo a los iniciados en una galería que a modo de túnel desembocaba en una sala, donde Maharaji sentado sobre una especie de trono, mostraba sus pies desnudos apoyados sobre un cojín. El ritual era que al pasar frente a él, había que mirarle a los ojos y besar sus pies. Sus mensajes eran sencillos, pero muy lógicos y profundos, parecían tener una revelación especial. También enseñaban técnicas de meditación que consistían en la práctica de tres ejercicios para acercarse al conocimiento de lo divino: la visión de la luz divina, la escucha de la música celestial, y la degustación del néctar divino. Posteriormente los lujos y excesos del supuesto gurú revelaron el engaño y la manipulación, acabando de matar la ilusión de haber encontrado la Verdad Suprema.

Siempre se ha dicho que puedes apresar a un mono colocando una baratija brillante en una jarra amarrada a un árbol. El agujero de la vasija debe ser lo suficientemente amplio para que el mono pueda meter la mano dentro, pero suficientemente pequeño para que no pueda sacarla una vez que la tenga cerrada apresando el cebo. Su negativa codiciosa a soltar el botín provoca que solo lo pueda dejar rompiendo la vasija. Los poseedores del "brillante cebo" son vendedores de humo, mercaderes de sueños y manipuladores de ilusiones legítimas, que han provocado que miles de personas engañadas hayan tenido que "romper la vasija" de su mundo perfecto, haciendo añicos sueños legítimos y entrando en depresión y terapias de desprogramación.

Todo ser humano tiene necesidad de "baratijas brillantes", que en realidad son espejismos de la búsqueda legítima de la trascendencia y el sentido de la vida que todos necesitamos. La conclusión final al dilema que da título a este apartado es que *"no se puede creer en todo, pero tampoco se puede no creer en nada"*. ¿Dónde está la verdadera VERDAD? De eso hablaremos más adelante. Y, recuerda, no olvides que siempre hay esperanza...

LEYENDAS OLVIDADAS: *EL MISTERIO DE LA ISLA DE FARO*

Alejandría fue una de las ciudades más prominentes de todos los tiempos y el principal centro cultural de todo el mundo. Ubicada en Egipto y abierta al mar mediterráneo, significó un símbolo de modernidad y prosperidad como nunca ha existido. Su nombre se debe a Alejandro Magno, un rey Macedonio que dominó desde Grecia hasta la India, pasando por Egipto. Su prematura muerte a la edad de 33 años contribuyó a mitificar su figura y su leyenda, pues su objetivo era crear un "imperio universal" y ampliar así los límites del mundo conocido.

La ciudad, que el propio Alejandro funda en el año 332, tenía a la entrada del importante puerto marítimo, una pequeña isla estratégicamente situada. Uno de los faraones que gobernó Alejandría en el siglo III a. C., Ptlomeo II, decidió construir una torre en la isla, en cuya cúspide una hoguera nocturna indicara a los barcos la entrada a la bocana del puerto. La obra fue encomendada a un arquitecto reconocido que convirtió el proyecto en su obra maestra y al que dedicó todo su empeño y esfuerzo. Diseñó y construyó una torre con una altura de 30 metros, gigantesca para la época. Ptolomeo II al contemplar semejante coloso ordenó al arquitecto que en la base de la torre figurase una placa con su propio nombre para arrogarse la autoría de tan magnífica obra de ingeniería.

El arquitecto, acostumbrado a grabar su nombre en las obras que construía, y contrariado por la orden real, ideó una sutil estrategia. Cavó en la base de la torre un hueco hasta llegar al mármol que constituía el fundamento y los cimientos, y grabó allí su propio nombre. Después cubrió el hueco con una capa de yeso sobre la que grabó el nombre de Ptolomeo II como faraón gobernante. Con el tiempo, debido a la erosión del viento y el agua, el yeso se fue diluyendo y así quedó revelado el nombre grabado en mármol del verdadero autor de la Obra.

Por cierto, se trataba de la isla de Faro, y así, a partir de entonces se popularizó en todo el mundo las torres o faros que servían de guía y advertencia para la navegación mundial. La historia de la isla de Faro nos sirve para ilustrar la idea de que la verdad, aun como concepto aplicado a verdades demostrables por la ciencia, está intentando ser tapada por premisas falsas, falacias sin sustento, que como débiles argumentos acabarán revelando la solidez del mármol y la fragilidad del yeso. En la segunda parte de libro, llena de futuro y esperanza, volveremos sobre esta historia para explicar otras interesantes analogías, que desde el campo de la fe y la espiritualidad apuntan a la Verdad que prevalece, a la vez que desvelaremos el verdadero misterio de su interesante historia.

1.2 DE LA CULTURA SÓLIDA A LA SOBERANÍA DEL INDIVIDUO

1.2.1 CULTURAS, RITOS Y TRANSICIONES: EL FINAL DE UNA ERA

LA MUERTE DE LA CULTURA Y LA DESAPARICIÓN DE LOS RITOS DE PASO

La cultura es aquel conjunto de elementos que determinan el modo de vida de una comunidad, compuesta de lenguaje, pautas, sistemas sociales, económicos, políticos y religiosos. Entendiendo por pautas sociales aspectos como la moral, las costumbres, creencias y toda la suerte de hábitos de los que el ser humano se apropia como miembro de una sociedad. Por tanto, todas las personas establecidas en un núcleo social, en el que comparten educación, valores, tradiciones y creencias, poseen una cultura. Ahora bien, nos interesa investigar el papel del ser humano en su estado más puro, todavía sin contaminar por las sociedades actuales, es decir, dentro de las distintas culturas tribales de escenarios pasados, sobre todo la de aquellos pueblos indígenas que aún conviven de forma natural en su medio y no han sido contaminados ni adulterados en su ancestral forma de vida y costumbres.

Al estudiar estas culturas podemos evaluar su proceso de homosocialización y reunir las características comunes de esas distintas comunidades y etnias, por las que el desarrollo social del hombre y la mujer se da. Dichas características afines incluyen: rituales de iniciación en las distintas etapas de crecimiento, figuras de autoridad jerarquizadas de las que aprender y recibir sabiduría, códigos de honor y lealtad por los que conducirse en integridad, ceremonias y rituales religiosos para solemnizar actos y conectarse con lo trascendente.

Los rituales de iniciación. Son pruebas de transición hacia la madurez que cierran la puerta a una etapa superada y abren otra puerta a un horizonte nuevo por conquistar. Son los escalones naturales que canalizan y determinan la transición de niño a hombre,[18] permitiéndole asumir plenamente su identidad, y estableciendo una comunión satisfactoria y armónica entre sí mismo, la comunidad que le recibe y la naturaleza que le rodea. Este proceso transformador se sucede desde la comunidad y consiste en pruebas de supervivencia, valor, resistencia, etc. El reto de cazar un animal, pasar la noche en la espesura de la selva, o competir con un rival, se hace desde la comunidad que observa las instrucciones que se da al iniciado, y lo envía a la prueba.

Figuras de autoridad jerarquizadas. En cuanto a las figuras de autoridad y las jerarquías, debemos decir que todo ser humano las necesita para crecer con referentes y sentido de orden y aceptación a las normas sociales. En primer lugar, y en las culturas

---

18. Hablamos mayormente de hombres, pues la asunción de la feminidad, se consigue de forma más rápida en las mujeres. Para defender esta teoría ver mi libro Tu Identidad Sí Importa, CLIE, Barcelona , 2014.

ancestrales que mencionamos, esa figura de autoridad comienza siendo la madre en la seguridad del hogar. Luego se ocupará el padre, quien tiene la responsabilidad de conectarlo con el mundo exterior, y posteriormente será la comunidad, en este caso en los aspectos de autoridad y mentoreo, quien a través de los jefes tribales y de la sabiduría de los ancianos, irá instruyendo a los jóvenes y equipándoles para la vida. Es una auténtica escuela de enseñanza donde los progenitores y la propia comunidad conforman unos límites y reglas, establecidos como criterios normativos para todos. Esto provee seguridad, solidez, identidad y sentido de pertenencia.

Códigos de honor y lealtad. Los que pertenecemos literalmente al siglo pasado, aún recordamos las viejas películas de vaqueros e indios, donde estos últimos desde la intimidad de sus poblados en las sabanas del oeste americano, compartían y transmitían a los iniciados —al calor de una fogata y al abrigo de la noche— sus experiencias de vida, sus tradiciones y costumbres, sus códigos de conducta y su sentido del honor y la lealtad. Se trataba de principios universales de sabiduría ancestral, transmitidos desde la propia experiencia. Hablamos de valores, reglas de vida como la verdad, la honradez, el sentido de justicia, el honor y la lealtad a una causa común.

En uno de nuestros viajes a Estados Unidos atravesamos parte del desierto de Mojave entre Los *Ángeles* y Las Vegas. Al pararnos en una gasolinera para repostar y descansar, vimos una familia de indios ataviados con sus trajes típicos. Culturas nobles y ancestrales sometidas por el mundo "civilizado" al desarraigo y aislamiento. Guerreros bravos y orgullosos de su identidad, muchos de los cuales hoy son borrachos, jugadores entregados a cualquier vicio, mutilados en su esencia vital, que malviven vendiendo souvenirs de lo que fueron, como los últimos vestigios de su dignidad. La dignidad de un pueblo unido a una tierra que les fue negada y a un código de honor que les fue arrebatado. Ese es parte del triste legado de la civilización "moderna".

Finalmente las últimas características comunes de estas culturas en su proceso de homosocialización son:

Las ceremonias y los rituales religiosos. Los ritos religiosos hacen experimentar al iniciado su origen sagrado, su conexión con lo cósmico y divino, aportando la energía necesaria para la siguiente etapa de la vida, como si de eslabones en la cadena de la madurez y el crecimiento se tratara. En uno de mis anteriores libros titulado El Culto Cristiano, hago mención de esto:

> **CULTURAS NOBLES Y ANCESTRALES SOMETIDAS POR EL MUNDO "CIVILIZADO" AL DESARRAIGO Y AISLAMIENTO. GUERREROS BRAVOS Y ORGULLOSOS DE SU IDENTIDAD, MUCHOS DE LOS CUALES HOY SON BORRACHOS, JUGADORES ENTREGADOS A CUALQUIER VICIO, MUTILADOS EN SU ESENCIA VITAL.**

"Hay en la especie humana una sed y hambre espiritual, que únicamente Dios puede satisfacer, pues el hombre, solo por el hecho de serlo, posee un deseo y anhelo de entregarse a algo más grande que él. En el corazón de todo ser humano hay inherente una expresión religiosa natural, donde hay tribus, comunidades o colectivos humanos de cualquier tipo, allí hay religiones y cultos para suplir cualquier necesidad. El hombre que no conoce al Dios verdadero y creador, lo sustituye deificando cualquier elemento de la creación; hablamos por tanto, de un instinto religioso común a la condición humana, pues como decía San Agustín: "el hombre es un ser incurablemente religioso".[19]

Sintetizando todo lo mencionado, resumimos en el siguiente esquema las pautas de homosocialización propias de las culturas

19. Varela, Juan, *El Culto Cristiano*, CLIE, Barcelona, 2002, p. 17

antiguas. Pautas que esta sociedad líquida ha ido perdiendo por el camino, despojando al ser humano de anclas y referentes, y convirtiéndolo poco a poco en un nómada de la moderna Aldea Global.

- Rituales de iniciación: *procesos de supervivencia*
- Figuras de autoridad jerarquizadas: *estructuras de poder*
- Códigos de honor y lealtad: *ética normativa*
- Ceremonias y ritos religiosos: *trascendencia y fe*

Cultura y pautas de homosocialización

DEL PENSAMIENTO HORIZONTE A LA VISIÓN CORTOPLACISTA

Cuando la cultura vive ligada al medio natural, que es el caso de las tribus y comunidades indígenas, todo ello permite que se conserven pautas de homosocialización que pertenecen al orden natural. El problema es que en nuestra sociedad desnaturalizada hemos perdido esos mecanismos, pautas y procesos. Hablamos de las citadas características primarias de culturas ancestrales que se constituyen en pautas de base, y que unidas a todos los procesos sociales mencionados en el capítulo 1, Radiografía de las Sociedades, nos hacen comprender el tránsito de nuestra cultura hacia el final de la cadena, que no es otro sino la "soberanía del individuo", de la cual hablaremos al término de esta primera parte del libro.

Es así que en la actual Modernidad Líquida, y previendo el rápido tránsito a la sociedad gaseosa, una mirada a lo que hemos abandonado por el camino nos hace conscientes del precio pagado. Hemos menospreciado la cultura natural y los procesos y tradiciones que cohesionan y dan sentido a la existencia. Hemos pretendido tal nivel de libertad e independencia, que hemos caído al vacío y la incertidumbre existencial. Así lo señala acertadamente B.C. Han: *"Los rituales configuran las transiciones esenciales de la vida. Son formas de cierre. Sin ellos nos deslizaríamos de una fase a otra sin solución de continuidad. Así es como hoy envejecemos sin llegar a hacernos mayores. O nos quedamos en consumidores infantilizados que no madurarán jamás".*[20]

Privados de las mencionadas tradiciones y ritos de paso propios de la cultura natural, observamos cómo el individuo en la nueva cosmovisión líquida se sumerge en la cultura de la inmediatez bajo una mentalidad automática, que finalmente nos aboca a una visión cortoplacista de la vida, donde no hay solución de continuidad ni se tiene fe en el futuro, y por lo tanto se vive el presente y su realidad inmediata. Se trata de la cultura de lo instantáneo donde se priva a las personas de los sanos procesos de planificación y la búsqueda de objetivos a largo plazo. Esto supone un cambio de paradigma frente al concepto defendido por el filósofo Roman Krznaric sobre el "pensamiento catedral". En la Edad Media, cuando se participaba de la construcción de una catedral, se miraba a largo plazo, los constructores sabían que ni sus hijos ni sus nietos verían la obra terminada, pero tenían la capacidad de concebir y planificar proyectos con un horizonte muy a largo plazo, lo que les confería un sentido de propósito al participar de tan gigantesco proyecto.

Esta visión, que nosotros llamamos "visión horizonte", provocaba una estructura de pensamiento donde se daba mucha importancia al saber esperar, a los procesos naturales, y al concepto del tiempo. En el siglo XIV, los primeros relojes medían cada hora. Hacia el siglo XVIII, ya medían cada minuto, y para el siglo XIX, ya tenían el segundero. Hoy sumergidos en pleno siglo XXI se habla de "nanosegundos", y esto ha hecho que el tiempo se acelere. Todo sucede demasiado rápido, generando en los jóvenes (y no tan

---

20. Byung Chul Han, *La desaparición de los rituales*, Herder, Buenos Aires 2021, p. 50

jóvenes) un sentido de urgencia, donde cuando el tiempo se acelera
, la paciencia se acorta. Esto favorece mentalidades automáticas,
que a golpe de impulso emocional privan al ser humano de los
sanos y necesarios procesos que acaban conformando un carácter
estable, maduro y con dominio propio. De nuevo Torralba apunta
con acierto: *"la paciencia ha desaparecido de la pirámide axiológica
social, ni siquiera es un valor que se cotiza a la baja, está fuera de mer-
cado, como también lo está la fidelidad"*.[21]

Asimismo, una visión simplista y a corto plazo nos dirige a una
economía del tiempo, donde bajo la tiranía de la inmediatez carece-
mos de profundidad, capacidad de reflexión y sobre todo perspectiva de futuro. Y aunque tenemos el mundo a un click de distancia,
hemos perdido la paciencia por el camino: queremos tenerlo todo
en cuestión de segundos. Pero ¿por qué nos ocurre esto? La psicología arroja algo de luz sobre este fenómeno, encontrando una
relación directa entre la salud mental de la población y la génesis
de una impaciencia colectiva como el triste legado de la era actual.
Se trata de la nueva "generación ya", pues hemos perdido la tolerancia a la espera y optamos por la inmediatez para distraernos del
vacío existencial, olvidándonos de que en realidad la vida se cuece
a fuego lento. También la pluralidad de opciones se torna en una
veloz carrera hacia una encrucijada con demasiados caminos, ¿cuál
tomar?, ¿qué serie ver?, y es que... "cuando hay demasiada opción,
se pierde la ilusión". Así lo constata Scolari:

> *"antes la gente pasaba mucho tiempo en pocos medios. Los
> ritmos de vida y, por lo tanto, de consumo, eran diferentes,
> y comparados con los de hoy, fluían en cámara lenta. Antes
> había tiempo para leer con calma el diario, escuchar la radio
> varias horas por día y, sobre todo a la noche, reunir a la fami-
> lia frente al tótem televisivo. Era precisamente la televisión el
> gran medio hegemónico: como la pasta en Italia o el arroz en*

21. Torralba, Francesc, *Mundo Volátil*, Kairos, Barcelona, 2018, p. 23

China, la televisión dominaba la dieta mediática de la mayoría de las sociedades".[22]

De todo lo mencionado y entre otras muchas cosas que como civilización hemos ido dejando por el camino, hay que recuperar la autenticidad de lo sencillo y la riqueza de lo cotidiano, pues como afirma el filósofo J.M. Esquirol en su libro La Resistencia Íntima, donde ilustra principios que dan sentido a la vida tradicional: *"un elogio a lo cotidiano, a lo sencillo de la vida. El pan, la sal, la fiesta, el duelo y la paz: de todo eso que se comparte depende la siempre difícil y precaria comunidad del nosotros"*.[23]

SE TRATA DE LA NUEVA "GENERACIÓN YA", PUES HEMOS PERDIDO LA TOLERANCIA A LA ESPERA Y OPTAMOS POR LA INMEDIATEZ PARA DISTRAERNOS DEL VACÍO EXISTENCIAL, OLVIDÁNDONOS DE QUE EN REALIDAD LA VIDA SE CUECE A FUEGO LENTO.

LEYENDAS OLVIDADAS: *EL SEÑOR MARQUÉS Y LA VILLA ENCANTADA*

Cuando el reloj de estilo bizantino anunció las siete de la mañana con sus graves campanadas, el señor marqués con precisión matemática, saltó de la cama consultando de inmediato el orden del día, que previamente su secretario personal le había colocado sobre la bandeja de plata en su mesita de noche: recepción a las 9:00 en el salón de la embajada, a las 10:30 entrevista con la delegación de la compañía petrolera, a las 12 revisión con el cardiólogo, a las 14 horas comida con el patronato, etc. Mientras se afeitaba con su maquinilla de diseño exclusivo, sintió la primera punzada, fue un dolor intenso en el pecho que le dejó como paralizado, casi sin aire.

---

22. Fuente internet: https://hipermediaciones.com/2021/08/13/adios-sociedad-liquida-bienvenida-sociedad-gaseosa/

23. Esquirol, José María, *La Resistencia Íntima*, Acantilado, Barcelona, 2018, p. 43

A duras penas oprimió el botón de servicio, y para cuando llegó el mayordomo, el señor Marqués ya se encontraba en el suelo, respirando con dificultad.

Despertó en su clínica habitual y el doctor le comunicó: o se tomaba unos días de descanso absoluto, o su vida corría serio peligro, pues su corazón estaba seriamente dañado por varios infartos. Esa misma mañana su secretario canceló su agenda por una semana, y se dispuso que el señor Marqués pasara los próximos siete días en su residencia de verano, a la que —por cierto— hacía años que no iba. Su humor era de perros, por un lado estaba enfadado consigo mismo, con su débil cuerpo que no era capaz de resistir las exigencias de su responsabilidad, luego estaba enfadado con el doctor por tomarse la libertad de disponer de su tiempo... en definitiva, estaba furioso y todo le molestaba.

Aquella mañana amaneció un precioso día de finales de Enero. Mientras el lujoso coche remontaba la serpenteante carretera de montaña, el señor Marqués empezó a apreciar las hermosas vistas y los llamativos colores de los almendros en flor. Para cuando llegaron a "Villa Magnolia", el encanto de la naturaleza había empezado a hacer mella en el duro y urbanizado espíritu del señor Marqués. En realidad, aquellos siete días iban a marcar su vida para siempre. Privado de su agenda y de sus muchas responsabilidades, por primera vez en mucho tiempo se encontró solo consigo mismo. Los largos paseos por el bosque, las sencillas comidas sin protocolo ni cubertería de seis piezas, las charlas con Manuel y su esposa (los caseros), gente humilde y amante de la vida sencilla, el ver como amaban a sus hijos y sentir el calor de un auténtico hogar, privado de los lujos y las comodidades pero lleno de amor y armonía... en fin, todas esas cosas hablaron profundamente al cansado corazón del Señor Marqués.

Lo encontraron muerto en su cama con una dulce sonrisa en el rostro, y una carta sobre su pecho. En ella decía que por fin había encontrado la paz del alma, su corazón no resistía más, pero antes de morir quiso escribir la nota para que otros no cayesen en su mismo error. Animaba a todos sus allegados a que no siguieran su mismo camino de búsqueda de la fama y el dinero, olvidando su familia y su paz interior, les exhortaba a que buscasen la riqueza en los valores del alma no en los de la economía, pues allí están los verdaderos tesoros. Sobre la mesita de noche, una Biblia, el Libro de los Orígenes, abierta y subrayada, decía a manera de epitafio:

"No os hagáis tesoros en la tierra, donde la polilla y la herrumbre todo lo corrompen, sino haceos tesoros en el cielo, donde todo permanece, pues donde esté vuestro tesoro, allí estará también vuestro corazón".[24]

1.2.2 ENTRE EL UNIVERSO Y EL METAVERSO: HUÉRFANOS DE LA GALAXIA

RELACIONES CIBERNÉTICAS EN LA REALIDAD VIRTUAL

Los nuevos conceptos, que de forma vertiginosa van surgiendo a medida que se acelera todo, nos obligan a esforzarnos por no perder el tren que nos conduce inexorablemente hacia la aldea global digitalizada. Aunque el concepto de *metaverso* fue utilizado allá por 1992 de la pluma del escritor estadounidense Neal Stephenson, no es hasta hace pocos años que se popularizó precisamente por ser algo a lo que ya podemos acceder. Pero para entender lo que sería el *metaverso* es necesario empezar primero por el *universo*, que sigue siendo la realidad "real" de la que partimos.

Según Wikipedia (*a la que no en todo debemos dar crédito*), el universo es el conjunto de todas las entidades físicamente

---

24. Ver Mateo 6:19-21

detectables que interactúan entre ellas dentro del espacio-tiempo de acuerdo a leyes físicas bien definidas. En su etimología base, la palabra universo procede del latín *universus* "conjunto de todas las cosas", compuesto de *unus* "uno" y *versus*, participio pasivo de *vertere* "girar". En griego traduciríamos universo como *cosmos*, que ya hemos visto, significa orden, en clara antítesis al *caos* que significa desorden. Podríamos, entonces, definir universo como el espacio donde gira todo lo creado dentro de un orden y una misma dirección. Esto nos debe hacer entender que las leyes del universo que rigen todo lo creado, cuando se transgreden provocan caos generalizado, como ya estamos comprobando en los campos de la cultura, biología, ecología, pensamiento filosófico, ideológico, etc.

En cuanto al Metaverso, podemos decir que se trata de un mundo virtual, un universo posrealidad donde se crea un personaje o avatar, que te introduce en un mundo paralelo de fantasías, experiencias y pseudorrealidad. Se trata de una especie de realidad alternativa en la que seremos capaces de hacer las mismas cosas que hacemos hoy en día fuera de nuestros hogares, pero sin salir de ellos. Es decir, pronto será difícil distinguir la frontera entre lo virtual y lo real. En muchos aspectos se trata de una vía de escape a la falta de motivaciones y futuro que ofrece el moribundo universo real. Es decir, se trata de una metáfora del mundo real que emula la realidad, pero sin serlo, con lo cual tarde o temprano tendremos que aterrizar al mundo físico presente, o quizá... ¿seremos capaces de vivir alternando ambas realidades?

En esa ruta andamos, y estamos llegando a superar las fantasías que alimentaron películas y novelas, sobre la posibilidad de teletransportarnos a otras épocas, mundos o universos. O bien a cumplir las aspiraciones de la neurociencia que funde lo biológico con lo tecnológico y que sumado a la Inteligencia Artificial, pretende llegar a materializar los *cyborg*, criaturas compuestas de elementos orgánicos y dispositivos cibernéticos, en una clara deconstrucción del ser humano hacia el inquietante concepto de transhumanismo.[25]

Cuando hablamos de relaciones cibernéticas en la realidad virtual, hacemos referencia a cómo los avances de esta pseudorrealidad están provocando relaciones virtuales, y por lo tanto artificiales, donde no se produce el encuentro real, el vínculo afectivo "en carne y hueso", y donde se introduce la tentación de poder evitar fácilmente la implicación a fondo y el compromiso, debido al hecho de que estas relaciones virtuales, como apunta Bauman, provistas de las teclas *suprimir* y *spam*, nos "protegen" de todo lo que apunte a obligación, fidelidad, compromiso, etc., es decir a todo lo que supone una interacción social con sentido de profundidad. Así la solidez del amor se diluye quedando relegada al vínculo sin rostro que ofrece la realidad virtual.

La ruptura a la lealtad de un sistema universal ordenado y predecible, nos sitúa en un escenario despojado de relaciones auténticas y vínculos estables. El nuevo ecosistema mediático que estamos creando se nutre de la fluidez, la superficialidad y virtualidad de las relaciones, la ausencia de procesos y el culto a la imagen, junto con la hiperpluralidad de una carta con opciones infinitas. La red, más que un medio, es un metamedio que continuamente genera experiencias novedosas y formas de comunicación plural. Esto provoca la mencionada visión cortoplacista de logros inmediatos marcados por la impaciencia, donde por ejemplo en la cultura escrita, ya no soportamos grandes narraciones, mientras que en el mundo del ciberespacio digital tragamos y consumimos interminables series, sagas y metarelatos "*Este entorno mediático es el caldo primigenio de los nuevos formatos textuales breves y, al mismo tiempo, de las*

---

25. El transhumanismo es una corriente de pensamiento basada en la creencia de que la especie humana debe evolucionar, sirviéndose de todos medios tecnológicos a su alcance.

meganarraciones transmedia que a menudo les dan un nuevo sentido a esos fragmentos".[26]

> ESTAS RELACIONES VIRTUALES, COMO APUNTA BAUMAN, PROVISTAS DE LAS TECLAS *SUPRIMIR* Y *SPAM*, NOS "PROTEGEN" DE TODO LO QUE APUNTE A OBLIGACIÓN, FIDELIDAD, COMPROMISO, ETC., ES DECIR A TODO LO QUE SUPONE UNA INTERACCIÓN SOCIAL CON SENTIDO DE PROFUNDIDAD. ASÍ LA SOLIDEZ DEL AMOR SE DILUYE QUEDANDO RELEGADA AL VÍNCULO SIN ROSTRO QUE OFRECE LA REALIDAD VIRTUAL.

LA ERA DEL VACÍO Y LA CULTURA DE LA NADA

El nihilismo[27] clásico aparece en la historia asociado a alguien que no cree en nada, al pesimista que opina que la vida carece de sentido y se reafirma en su resentimiento y hastío hacia ella. Según Iglesias Huelga, *"desde un plano filosófico, el nihilismo se asocia al pensamiento de Nietzsche, para quien la cultura occidental, al llegar a su propia ruina, a su decadencia total, se queda vacía, agotada de los valores ficticios representados en la metafísica, el cristianismo y la vieja moral".*[28] Cuando el controvertido filósofo proclama "la muerte de Dios" deja al ser humano colgado en el vacío, dando así el pistoletazo de salida para el pensamiento nihilista, donde la ausencia de valores despoja a la vida de sus componentes fundamentales, encontrándose el ser humano como un nómada sin brújula que deambula por el desierto de la historia.

Según el pensamiento de Bauman, las relaciones presentes funcionan igual que otros productos de supermercado, se trata de

---

26. Fuente internet: https://hipermediaciones.com/2021/08/13/adios-sociedad-liquida-bienvenida-sociedad-gaseosa/
27. Del latín *nihil* nada.
28. Fuente internet: https://filco.es/nihilismo-no-creer-en-nada/

consumo inmediato para un único uso, y por lo tanto desechable. Bajo esta premisa, por ejemplo, los desengaños amorosos se minimizan y se alivian buscando con rapidez el siguiente, como quien reemplaza un producto roto por uno nuevo, sin que ello implique la asunción de un compromiso o un notable esfuerzo. Se busca la autenticidad en las relaciones, pero se quiere evitar uno de sus componentes principales, que es el compromiso, el cual no se quiere asumir porque implicaría una gran responsabilidad y una pérdida de la perseguida autonomía personal.

El psiquiatra Pablo Martínez, profesor de psicología pastoral en nuestros tiempos de estudiantes de teología y buen amigo personal, habla de la *"cultura del cleenex"* haciendo alusión a las relaciones superficiales e interesadas que hoy día se mantienen. Muchas personas influenciadas por esta cultura hiperindividualista consumen "amistades" a tenor de sus necesidades puntuales, y cuando ya están satisfechos en uno u otro sentido, las desechan como si de un cleenex de usar y tirar se tratara, lo que algunos denominan *"relaciones de bolsillo"* que solo se sacan cuando se necesitan. *"No podemos vivir sin amor pero no queremos su sacrificio y por eso lo rebajamos a su versión light que lo convierte en un mero afecto hedonista".*[29]

Al respecto, el periodista especializado en economía David Rubio comenta: *"sobre la sociedad líquida... se ofrece una perspectiva distópica sobre nuestro mundo. "La fragmentación de la identidad, la inestabilidad laboral, la sobredosis de información sin filtrar, la economía del exceso y los desechos, la falta de credibilidad de los modelos educativos, el fin del compromiso mutuo y las relaciones interpersonales fugaces configuran la sociedad líquida".*[30]

---

29. Citado por el psiquiatra Pablo Martínez Vila en una conferencia en Roquetas de Mar (España)
30. Fuente internet https://blogs.comillas.edu/FronterasCTR/?p=6742

CUANDO EL CONTROVERTIDO FILÓSOFO PROCLAMA
"LA MUERTE DE DIOS" DEJA AL SER HUMANO COLGADO
EN EL VACÍO, DANDO ASÍ EL PISTOLETAZO DE SALIDA
PARA EL PENSAMIENTO NIHILISTA, DONDE LA AUSENCIA
DE VALORES DESPOJA A LA VIDA DE SUS COMPONENTES
FUNDAMENTALES, ENCONTRÁNDOSE EL SER HUMANO COMO
UN NÓMADA SIN BRÚJULA QUE DEAMBULA POR
EL DESIERTO DE LA HISTORIA.

Este virus de la cultura del vacío carece de rumbo, es una cartografía de la nada que finalmente provoca individuos que rehuyendo de las verdades absolutas, solo consienten coincidir con opiniones de las que les resulte fácil desvincularse cuando lo consideren oportuno. No se anclan a nada y por lo tanto navegan a la deriva del caos existencial. El pensamiento tolerante se impone mientras se presume de apertura a la pluralidad y a las diferencias, porque en la cultura del moderno nihilismo, nada es completamente cierto y todo es posible.

EL SER HUMANO A LA INTEMPERIE: LA SOLEDAD DE LA ALDEA GLOBAL

El concepto de ser humano como ser social definido por su lugar en la sociedad que le dicta sus acciones y comportamientos, ha desaparecido de la realidad social contemporánea, siendo sustituido por un individuo que pese a considerarse soberano de su existencia, subsiste recluido en su bunker particular como un náufrago en su isla solitaria. Thomas Merton habla sobre *"la herejía del individualismo"*, es decir pensarse uno mismo como una unidad completamente autosuficiente. La supuesta soberanía de este individuo gaseoso produce inquilinos volátiles, sin domicilio fijo, nómadas de la aldea global, expulsados voluntariamente a la intemperie, donde no se cuenta con el valor y la cobertura de la comunidad. Como bien apunta Agustín Laje: *"La desintegración de las adscripciones*

permanentes a una religión, a una nación, a una familia, a una ideología, a un partido, a un sexo, etc., deja al individuo frente a un menú
infinito de posibilidades caracterizadas por su volatilidad y obsolescencia prematura".[31]

> **LA SUPUESTA SOBERANÍA DE ESTE INDIVIDUO GASEOSO
> PRODUCE INQUILINOS VOLÁTILES, SIN DOMICILIO
> FIJO, NÓMADAS DE LA ALDEA GLOBAL, EXPULSADOS
> VOLUNTARIAMENTE A LA INTEMPERIE, DONDE NO SE CUENTA
> CON EL VALOR Y LA COBERTURA DE LA COMUNIDAD.**

Cuando Nietzsche proclama la muerte de Dios está profeti-
zando los tiempos volátiles de hoy, donde la vacante de una divini-
dad superior es ocupada por el propio individuo, que como también
dijera Lipoveksy *"maneja su existencia a la carta"*. Sin embargo, esa
hipotética conquista de libertad personal tiene la vida muy corta,
pues no fuimos diseñados para la soledad, corriendo entonces el
riesgo, de transitar entre la libertad del individuo y la cárcel de un
"espíritu libre", pero solitario:

> *"aquello que emerge de la disuelta norma social es un ego des-
> nudo, atemorizado y agresivo, en busca de amor y ayuda. En
> su búsqueda de sí mismo y del afecto social, se pierde con faci-
> lidad en la jungla del "yo"... alguien que anda hurgueteando
> en la niebla del propio yo se vuelve incapaz de advertir que ese
> aislamiento, ese solitario confinamiento del ego, es una con-
> dena masiva".[32]*

Hoy cada cual busca su propio bienestar sin pensar en el de
los demás. Cada uno se hace responsable de su propia vida, de su

---

31. Laje, Agustín, *Generación Idiota*, Harper Collins, México 2023, p. 91
32. Bauman, Zygmunt, *Modernidad Líquida*, Fondo Cultura Económica,
Argentina 2000, p. 42

propia verdad, de sus propios ideales. Ya lo señaló antaño Ortega y Gasset cuando dijo: *"yo soy yo y mis circunstancias"*; y es que el prójimo, la solidaridad y el altruismo, son palabras obsoletas que pertenecen a otra época. Y así, creyéndonos liberados de todo corsé opresor, acabamos esclavos de una emancipación que nos condena al ostracismo. Finalmente Erich Fromm, en su obra *Miedo a la libertad*, dice: *"Nos hemos transformado en autómatas que viven bajo la ilusión de ser individuos dotados de libre albedrío"*.[33]

Esta soledad de la aldea global producida por la sacralización de lo individual, provoca individuos que buscan fuera de la cantera de la raza humana, el compañero/a que les ayude a aliviar el sentido de hastío y soledad. Así, la adquisición de animales de compañía —que sin duda pueden ser fuente de grandes satisfacciones— puede producir la humanización de los mismos en un auténtico antropomorfismo que coloca al individuo y al animal en un mismo plano de igualdad. Son las llamadas "familias multiespecie". De forma que frente a la ausencia de relaciones entre semejantes, el humanizar, por ejemplo, a un perro puede conllevar serias consecuencias para la salud psicológica, ya que al diluirse las sanas jerarquías que han caracterizado siempre a la cultura humana, y comenzar a permitir que las relaciones entre las personas puedan ser sustituidas por las relaciones sociales con los animales, podemos favorecer el que no solo acaben sustituyendo a las personas en la elección social, sino que es posible que el animal termine teniendo comportamientos agresivos si no consigue lo que desea, al no reconocer que el humano está por encima de él en la cadena de la jerarquía natural. En realidad se trata de maltrato animal. De nuevo, la transgresión del orden natural acaba produciendo caos.

Parafraseando a Nerina Vallejo, podríamos decir que bajo el prisma de la óptica filosófica, el vacío existencial es parte inherente

---

33. Fromm, Erick, *Miedo a la Libertad*, Paidós, Barcelona, edición conmemorativa 2004, p.44

a la condición humana, y forma parte de la experiencia vital de las personas hasta que no encuentren como suplirlo. Sin embargo, dentro de la infodemia actual caracterizada por el frenetismo, el cortoplacismo y la fugacidad, este sentimiento de apatía y desconexión hacia la propia vida se expande en una auténtica metástasis existencial. De ahí el surgimiento masivo, por un lado de la multioferta de terapias modernas y filosofías *new age* que aspiran a aliviar la falta de sentido a golpe de milagrosas recetas mágicas y meditación trascendental, y por otro, el enquistamiento de una cultura envenenada por los mecanismos de consumo que enrocan la superficialidad y el hastío, y como consecuencia el suicidio se aparece como posibilidad real, aunque muchas personas, a la postre, no quieran morir, solo dejar de sufrir.

(Aviso para navegantes: *no te dejes impresionar por esta era del vacío, recuerda que en este libro lo mejor está por venir...*)

1.2.3 EL FINAL DE LA CADENA: *LA SOBERANÍA DEL INDIVIDUO*

LA INDEPENDENCIA DEL SER HUMANO: DE CIUDADANO A INDIVIDUO

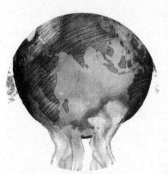

El relato bíblico de los orígenes de la humanidad entendido bajo el prisma cristiano, narra en los primeros capítulos del libro de Génesis la historia de Adán y Eva ya mencionada, quienes desobedecen a Dios, toman del fruto prohibido y como consecuencia el pecado entra en sus vidas y son separados de Dios, además de ser expulsados del Jardín del Edén. De habitantes pasaron a errantes y extranjeros en tierra extraña, perdiendo parte de su identidad anclada a un origen y a un propósito. Aquí comienza la semilla del principio de autonomía y separación de Dios que acompañó a la civilización humana desde el principio. La torre de Babel[34] construida tras el diluvio universal por los descendientes de Noé, simbolizó la rebelión de la raza humana, que queriendo ser igual a Dios, desobedeció la orden divina de multiplicarse por toda la tierra, asentándose en un lugar desde el que comenzaron a construir una torre cuya cúspide alcanzase el cielo, símbolo de su poder e independencia. Narra la Biblia que como castigo, Dios confundió sus lenguas impidiéndoles concluir la obra y provocando que fuesen diseminados por los distintos clanes que coincidían en las mismas lenguas. El camino elegido por los hombres siguió alimentando el principio de desobediencia y, por lo tanto, de autonomía e independencia de un Dios creador y sustentador de todas las cosas.

Ya para el siglo IV Agustín de Hipona, obispo y filósofo, hablaba del hombre como *"incurvatus in se"*, es decir vuelto sobre sí mismo o "ensimismado", aludiendo a cómo ese principio de autonomía de Dios estaba provocando un egoísmo endémico. El periodo de la Ilustración, con todas sus bondades innegables que rebasaban el oscurantismo medieval, siguió acrecentando un humanismo que rechazaba a Dios y por lo tanto fue dando paso a un individualismo, que ya en los siglos posteriores se definiría como *individualismo radical*. Entonces, en las sociedades burguesas e industrializadas se pasa del concepto de *ciudadano*, que era el que participaba de las reglas comunitarias de la ciudad, al concepto de *individuo*, que como su nombre indica se refiere a una persona independiente de los demás que solo busca su propio beneficio.

Posteriormente, los tiempos de las grandes revoluciones que culminan con la Revolución Sexual en los años sesenta, abren camino para el nuevo concepto de *individuo emancipado*, que desligado de todo compromiso y dependencia, solo busca su realización y éxito, en una auténtica sacralización de la autonomía personal. Hemos pasado de *vasallo* en la Edad Media, a *proletario*

---

34. Génesis 11:1-9

tras la Revolución Industrial, luego a *ciudadano* tras el periodo de la Ilustración, después a *individuo* en la Posmodernidad. No hay duda que hemos avanzado en libertades y derechos, pero estamos pasándonos de vueltas en la rueda de este proceso, ¿qué sigue ahora?

Superada la Posmodernidad e inmersos en la corriente de la Modernidad Líquida que ya avanza hacia la Sociedad Gaseosa, llegamos a un modelo de ser humano, que influenciado por la cultura de la ideología de género y una sexualidad sin restricciones, se abre a todos los supuestos imaginables, desembocando finalmente en el inquietante concepto de *la Soberanía del Individuo*, que por un lado alude al "logro" de haber conseguido el más alto grado de independencia siendo el único soberano de su existencia. Y por otro lado, ya inmersos en la cultura del género fluido y el sexo líquido, alude a un ser que puede redefinir su género y cambiar su sexo según sus emociones y vivencias puntuales, un ser mutante con identidades polimórficas. La mencionada "herejía del individualismo" de Merton.

HEMOS PASADO DE *VASALLO* EN LA EDAD MEDIA, A *PROLETARIO* TRAS LA REVOLUCIÓN INDUSTRIAL, LUEGO A *CIUDADANO* TRAS EL PERIODO DE LA ILUSTRACIÓN, DESPUÉS A *INDIVIDUO* EN LA POSMODERNIDAD. NO HAY DUDA QUE HEMOS AVANZADO EN LIBERTADES Y DERECHOS, PERO ESTAMOS PASÁNDONOS DE VUELTAS EN LA RUEDA DE ESTE PROCESO, ¿QUÉ SIGUE AHORA?

Desde el ámbito de la Creación en Génesis 3: *El principio de la autonomía*[35]

---

35. Del griego "auto" propio, hacia uno mismo, y "nomos" Ley. Autonomía es el principio de la propia ley.

Desde el ámbito de la Teología histórica: *El principio del egoísmo endémico*

Desde el ámbito de la Sociología de la Ilustración: *El principio del individualismo radical*

Desde el ámbito de la Cultura líquida contemporánea: *El principio de la soberanía del individuo*

HACIA IDENTIDADES MUTANTES Y POLIMÓRFICAS

Nuestra conciencia de identidad está arraigada a tres factores fundamentales: origen, propósito y destino. Cuando el ser humano sabe de dónde viene, para qué está aquí y a dónde va, se generan raíces de arraigo y pertenencia, lo que provee sentido y esperanza en nuestras vidas. La soberanía del individuo nace de una supuesta libertad final, que acaba despojando a las personas de rasgos identitarios ligados al interesante concepto de raigambre, es decir al conjunto de antecedentes, intereses, hábitos, raíces comunes en definitiva, que hacen que una cosa o persona sea estable o segura ligándola a un lugar determinado. Rotas las anclas de raigambre, el ser humano navega a la deriva dispuesto a ir fondeando en cuantos puertos se le presenten. Lo dijo el abogado y filósofo Séneca allá por el siglo I cuando declaró: *"si no sabes a qué puerto te diriges, cualquier viento es bueno"*.

El tema de la identidad es un asunto clave en la historia del ser humano, tanto en teología como en antropología, pues la identidad es "el todo" de la persona. Cuando en el contexto del relato bíblico sobre la creación del hombre y la mujer estos desobedecen a Dios, se produce una pérdida de su identidad y una grave fractura en el sentido de su existencia, pasando, como ya hemos mencionado, de habitantes a errantes, lo que provocará que sus descendientes deambulen toda su vida en una búsqueda incesante de su identidad perdida. Por ello la primera pregunta de la Biblia que se produce en el libro de Génesis 2 "*¿Dónde estás tú?* revela el inicio de la confusión en la identidad del ser humano.

De forma que nos ocurre lo mismo que Adán y Eva, y hoy seguimos fuera del Edén, en tierra extraña. Pareciera que el castigo al que fueron sometidos nuestros primeros padres al ser expulsados, condenara al ser humano a vivir como un nómada contemporáneo en la ambigua y líquida aldea global. El ser humano que no busca a Dios, sigue perdido intentando reubicar su identidad en la moderna tierra de Nod, como un peregrino escéptico siempre buscando, siempre cambiando, siempre mutando.

La Modernidad Líquida, como ya hemos visto, es el movimiento cultural o la nueva cosmovisión social que sustituye a la caduca Posmodernidad, y que promueve cambios vertiginosos y radicales en la civilización histórica, facilitando la transición hacia un pensamiento más holístico[36] y universal. Esta perspectiva ultramoderna favorece el resurgir de una sociedad cada vez más plural, donde uno de sus énfasis se pone en diluir la identidad, el género y la sexualidad de la persona, y en la que los rasgos o características diferenciales antes atribuidas a cada sexo, se presentan indistintamente en ambos géneros, desdibujando límites y creando una extraña sensación de producción en serie y de identidad flotante o mutante.

> **EL SER HUMANO QUE NO BUSCA A DIOS, SIGUE PERDIDO INTENTANDO REUBICAR SU IDENTIDAD EN LA MODERNA TIERRA DE NOD, COMO UN PEREGRINO ESCÉPTICO SIEMPRE BUSCANDO, SIEMPRE CAMBIANDO, SIEMPRE MUTANDO.**

Como no podía ser de otra manera la incipiente sociedad gaseosa promueve los géneros a la carta, inmersos en la cultura

---

36. Pensamiento que promueve la visión de cada realidad como un todo, diferenciado de la suma de las partes que lo componen.

queer,[37] donde la persona puede asumir cualquier tipo de género en la amplia alacena de posibilidades que la obsoleta sociedad líquida ofrece; y, por tanto, puede optar por la heterosexualidad, bisexualidad, homosexualidad, transexualidad o cualquier otra variante dentro del género fluido. Son personas que navegan deteniéndose a capricho en cualquier puerto u opción de género que encuentren. La transedad, la transespecie y el transhumanismo,[38] son las últimas propuestas de una identidad de género que parece no tener límites ni fronteras.

Sin embargo, aparte de la oferta de múltiples identidades de género, es interesante destacar los nuevos arquetipos sociales de hombre y mujer producto de nuestra cultura del individualismo radical. Esta sociedad, como consecuencia de todo lo visto, ha producido lo que el psiquiatra Enrique Rojas denomina el síndrome de SIMON y el síndrome de LAURA que responde a paradigmas sociales de los nuevos "modelos" de hombre y mujer. En realidad se trata de acrónimos para definir las características de cada uno. En el caso del hombre S.I.M.O.N. se refiere a un hombre Soltero, Inmaduro, Materialista Obsesionado con el trabajo y Narcisista. Define un tipo de comportamiento que caracteriza a esos hombres que ensalzan solo su propia persona, emocionales e inmaduros, que no se comprometen afectivamente, solo buscan las mencionadas relaciones "cleenex" y codician el éxito social y la promoción laboral.

Por otro lado la mujer L.A.U.R.A. hace referencia a una mujer Liberada, Autónoma, Universitaria, que Rebaja el Amor. Define

---

37. *Queer* es un término usado para expresar que la sexualidad y el género pueden ser aspectos poco definidos que cambian con el tiempo y no encajan del todo en una identidad u otra.
38. La transedad es la percepción que la persona tiene de haber nacido en la edad equivocada. La transespecie es la percepción que la persona tiene de haber nacido en la especie equivocada, y el transhumanismo, como ya hemos aclarado, es la aspiración de transformar el cuerpo humano mediante la tecnología y la inteligencia artificial.

un tipo de mujer liberada de los prejuicios de épocas pasadas, orgullosa de su feminismo radicalizado, muy formada en el ámbito académico, orgullosa de sus logros, narcisista de su imagen, y que al igual que su homónimo masculino rebaja el amor, es decir lo reduce a un deseo utilitarista que no busca ningún tipo de compromiso, ni mucho menos relaciones de fidelidad a largo plazo. Ambos comparten el modelo de "relaciones de bolsillo" ya descrito.

En medio de ambos se halla el nuevo producto social fruto de una cierta indefinición de género, o cuando menos de una ambigüedad de género, y que denominaremos S.E.V.AS.T.I.A.N. Se trata de un hombre joven, (aunque también podría ser mujer), Sensible, Ecologista, Vegano, Animalista, Trascendente, Independiente, Antisistema y Narcisista. Hablamos de jóvenes producto de un compromiso social ideologizado y politizado, jóvenes alternativos y en general comprometidos con las causas sociales y la cultura *queer*. Son los modernos *hippies* de la Aldea Global.

El modelo SIMON	}	**Los nuevos**
El modelo LAURA		**arquetipos de la**
El modelo SEVASTIAN		**Cultura Gaseosa**

LEYENDAS OLVIDADAS: *EL MITO DE NARCISO Y EL BOSQUE HECHIZADO*

Cuenta la leyenda que en la noche de los tiempos, la ninfa Eco se enamora platónicamente de un vanidoso y altivo joven llamado Narciso, de noble estirpe al ser hijo de una ninfa y de un dios. Preocupada por el bienestar de su hijo, la ninfa Liríope, su madre, decide consultar al vidente Tiresias para averiguar el futuro de su hijo. El adivino le augura a la ninfa que su hijo viviría hasta una edad avanzada mientras nunca tuviera conciencia de sí mismo ni viera su propia imagen. Un día gris y lluvioso, mientras Narciso estaba cazando, la ninfa Eco siguió sigilosamente al atractivo joven a través de la espesura de los bosques encantados, anhelando dirigirse a él, pero siendo incapaz de hablar primero, ya que la diosa Hera la había maldecido a solo poder repetir la última palabra de lo que otros decían.

Cuando finalmente Narciso escucha sus pasos detrás de él, pregunta: "¿Quién está ahí?", a lo que Eco responde: "ahí, ahí". Y continuaron hablando de esta forma, ya que Eco únicamente podía repetir lo último que otros decían, hasta que la ninfa impaciente se mostró, intentando abrazar a su amado. Sin embargo, Narciso la rechazó y se marchó repudiándola. Eco quedó humillada, desconsolada, pasando el resto de su vida en soledad, consumida por el amor que nunca conocería, hasta que languideciendo, solamente permaneció su voz. Eco se volvió invisible y destinada a vagar eternamente repitiendo las últimas palabras que oía cuando alguien se aventuraba por el bosque encantado. En cuanto a Narciso, un día engañado por Némesis, diosa de la venganza, se acercó a un arroyo cristalino. Al ver su hermoso rostro reflejado en las aguas, la visión e impresión de su atractiva belleza lo atrapó en su vanidad, y queriendo abrazar al objeto de deseo que era él mismo, se cumplió la maldición de Tiresias y Narciso: se arrojó al agua para poseerse... y se ahogó. Cuenta la leyenda que en aquel mismo lugar nació una flor que lleva su nombre...

Con esta triste historia finalizamos la primera parte destinada a dotarnos con una comprensión general, que partiendo de los albores de la humanidad y llegando a esta aldea global en la que nos hemos convertido, anhelo que nos provea de una perspectiva objetiva sobre las incertidumbres de esta Era del Vacío. Finalmente, y como todo conduce a nuestra propia responsabilidad como seres reflexivos y pensantes, usemos el "supuesto" logro de la soberanía del individuo para no diluirnos en la misma corriente de vacío existencial, sino para separarnos en la búsqueda de otra alternativa, que en vez de incertidumbre nos lleve a la esperanza. Eso es lo que pretendemos a partir de la segunda parte de este libro. No podemos ser el eco de una sociedad que ya no tiene un discurso coherente ni una narrativa convincente, tenemos que buscar —como diría Glynn Harrison— *una historia mejor.*

PARTE 2:

LA TEORÍA DE LAS ANCLAS: CLAVES PARA UNA VIDA CON ESPERANZA

INTRODUCCIÓN

VÍNCULOS SÓLIDOS EN UNA SOCIEDAD LÍQUIDA

Jack Cousteau fue un oficial de la marina francesa que se desarrolló como biólogo e investigador incansable. Sus documentales sobre el universo marino se hicieron populares en los años 80, pero su legado universal sigue presente. Sus valores humanos y científicos marcaron el rumbo de muchas generaciones y contribuyeron a la conciencia de preservar el Planeta Océano. Su hijo Philippe Cousteau falleció en un accidente de hidroavión, mientras que —siguiendo los pasos de su padre— se encontraba grabando un documental en el estuario del río Tajo, entre Portugal y España. Pero detengámonos aquí, porque ahora te cuento otra historia.

Yo nací en un pequeño pueblecito de la costa norte de España. A un extremo de la amplia playa se levanta un pequeño promontorio sobre el que han edificado al aire libre el Templo de los Océanos. La obra artística se extiende a lo largo de un paraje de gran belleza natural, la península de la Peñona, que en forma de atalaya se eleva en un extremo de la hermosa playa.

La inspiración para el precioso conjunto monumental la constituyó la prematura muerte de Philippe Cousteau, cuyo busto en bronce está enclavado en una gran roca al fondo del promontorio.

Los símbolos comienzan con un gran mural compuesto de velas y anclas. Al lado se erige sobre la tierra una Rosa de los Vientos, se trata de un instrumento naval que a manera de brújula contribuía, junto con las cartas de navegación, a mantener el rumbo adecuado, de ahí que su función principal es indicar el norte. Su esfera estaba coronada por la flor de Lis, que simboliza el árbol de la vida, la luz y la perfección. Al lado está instalada una concha marina sobre la que se vierten las aguas de los distintos océanos. Luego una exposición de otras anclas de distintas épocas que fondearon en todos los mares del mundo, junto con un mirador en forma de cuenco esférico a manera de atalaya o altar, completan el espacio ceremonial.

El museo emula la historia de un hombre sufriendo la prematura muerte de su hijo, cuyas vidas inspiraron el recuerdo de una existencia consagrada a un ideal. Frente a lo dramático de la muerte, las velas impulsadas por los vientos del norte representan una dirección, un camino y un puerto al cual dirigirse, mientras que las anclas simbolizan que en esa travesía por los mares embravecidos de la vida, necesitamos asideros, seguridades. Aquí están los ingredientes universales y esenciales de toda búsqueda de lo trascendente: una vida ejemplar que emular, un puerto anhelado al cual dirigirse; y en la travesía, unas sólidas anclas que nos otorguen seguridad y confianza en la ruta hacia la esperanza, hacia un puerto mejor.

Querido lector, esta segunda parte de libro que comenzamos, es para mí la más importante y trascendente, permíteme exponer desde mi experiencia y esperanza, ante tanta incertidumbre y vacío, lo que son mis seguridades, mis evidencias, las ANCLAS de mi vida, aquellas que me alientan a vivir confiado en medio de una sociedad líquida e incierta. Por ello, la teoría que quiero presentarte, la Teoría de las Anclas, es para mí, la mayor de las historias, la certeza mas grande, la mejor de las narrativas posibles. Te animo a descubrirlas...

AQUÍ ESTÁN LOS INGREDIENTES UNIVERSALES Y ESENCIALES DE TODA BÚSQUEDA DE LO TRASCENDENTE: UNA VIDA EJEMPLAR QUE EMULAR, UN PUERTO ANHELADO AL CUAL DIRIGIRSE; Y EN LA TRAVESÍA, UNAS SÓLIDAS ANCLAS QUE NOS OTORGUEN SEGURIDAD Y CONFIANZA EN LA RUTA HACIA LA ESPERANZA, HACIA UN PUERTO MEJOR.

ANCLAS DE ESPERANZA EN UN MAR EMBRAVECIDO

1. EL ANCLA DE LA FAMILIA. UN LUGAR LLAMADO HOGAR

EL CAPITAL NO ESTÁ EN LAS POSESIONES, SINO EN LAS RELACIONES

Hace años, en un viaje a Barcelona junto con María del Mar, nos paramos en un restaurante de carretera para descansar y tomar algo. Al entrar al servicio observé que la pared estaba llena de pintadas, algunas obscenas y vulgares, pero entre ellas una poderosa frase captó mi atención: *"vive bien el presente para que en el futuro tengas un buen recuerdo de tu pasado"*, la memoricé como un tesoro a recordar, y continuamos el viaje. Después de un sábado de formación para matrimonios, yo debía predicar el domingo en la iglesia local que estaba en un edificio cuya planta alta era una residencia de la tercera edad.

Finalizada la predicación, a la que acudían muchos de los ancianos de la residencia, uno de ellos me dijo: *"joven acérquese"*. Cuando estuve a su lado me dijo: *"mire, la vejez consiste en sentarte a la caída de la tarde en tu sillón favorito, y rememorar tu vida, para gozarte si hay buenos recuerdos y si supiste aprovechar el tiempo con los tuyos, o para lamentarte por haber ofrecido tus años más preciados al trabajo o los negocios y haber perdido a tu familia"*. Luego supe que aquel anciano pertenecía a la alta burguesía catalana siendo un hombre que había acumulado muchos bienes. Su tristeza al contarme su visión sobre la vejez acabó de confirmarme que el capital no está en las posesiones sino en las relaciones,[39] no en los bienes materiales, sino en las vivencias y recuerdos acumulados: *"era un hombre tan pobre, tan pobre, que solo tenía dinero"*.

Rockefeller fue el hombre más rico de su época, tenía compañías petrolíferas, navieras, constructoras, su fortuna era incalculable. Cuenta la historia que una vez fallecido, su albacea y sus

---

39. Frase del psiquiatra Carlos Raimundo

abogados convocaron una rueda de prensa para informar sobre el futuro de todas sus posesiones. Uno de los periodistas preguntó: ¿Por favor podría informarnos cuánto dejó el Sr. Rockefeller? Lentamente el albacea levantó la cabeza y dijo: *"lo dejó todo, no se llevó nada"*. Esta historia ilustra la verdad de que lo importante en esta vida no consiste en la abundancia de los bienes que se posean, sino en la abundancia de relaciones, sobre todo de relaciones familiares significativas. La mejor inversión para el futuro no consiste en dinero o posesiones, sino en una herencia familiar que nos sobreviva y dé sentido a nuestra existencia.

Normalmente entendemos por herencia el reparto de los bienes materiales (dinero, inmuebles, posesiones) que nuestros padres o familiares nos dejan en su testamento. Hay personas que se lamentan de que no han recibido casi nada de sus padres porque eran pobres, y otras se lamentan de serlo ellos mismos y de no tener nada que dejarles a sus hijos. Esto sería una visión muy reduccionista de lo que queremos transmitir cuando hablamos de herencia. Es decir, la mejor herencia a la que podemos aspirar es una vida llena de recuerdos, de vivencias, de momentos intensos que añaden riqueza a tu pasado y significado a toda tu vida, sembrando un futuro de esperanza en el que dejas a los tuyos los valores y principios de tu propia experiencia.

Con estas interesantes ilustraciones seguimos con el apartado de la familia dentro de las anclas que nos dan mayor seguridad en un mar embravecido. Todas las involuciones defendidas por las ideologías dominantes sobre la negación de la biología más elemental, la historia de la civilización humana y su estéril búsqueda de la emancipación del ser humano, acaban en un ataque frontal a la familia. Este sistema biológico básico, el que nos ha protegido física y emocionalmente como especie, y el que constituyendo el principal nido social de referencia, nos forma la personalidad y nos da sentido de identidad arraigo y pertenencia.

Como seres relacionales, necesitamos formar parte de redes o sistemas donde podamos desarrollar relaciones significativas que otorguen sentido a nuestras vidas. Por ello el valor social de la familia es innegable, constituye la célula básica de la sociedad y el primer marco relacional de todo ser humano. Su trascendencia es absoluta pues en ella las personas adquieren las claves formativas con las que tendrán que desarrollarse en sociedad. Todos los conceptos y pautas para que un ser humano se desarrolle emocionalmente equilibrado, tanto en su mundo interior como en su red social de relaciones, se aprenden en el contexto de la familia, hasta tal punto que podemos afirmar que la familia, es el destino de la persona. La primera y principal imagen que los niños tienen sobre cómo funciona el universo es su hogar, su familia. Ese es el ámbito en el que se forman sus conceptos de realidad, amor, responsabilidad, pautas de comportamiento y libertad. La familia es el universo primero de todo ser humano.

Hace años a María del Mar le detectaron cáncer de mama. En aquellos tiempos, aún más que ahora, la sola mención de la palabra provocaba un nudo de angustia, y la sombra de la muerte llegaba como una posibilidad real. Esto ocurrió durante el mes de Enero, y después de todo un lento proceso de radioterapia, todo salió bien y pudo superar la enfermedad. Todo el proceso, lleno de dudas e incertidumbre, hizo que ella reflexionara en la brevedad de la vida y en el valor de lo que realmente importa.

Sin que yo lo supiera María del Mar comenzó a ahorrar, y llegado el mes de septiembre preparó una cena especial para nuestro aniversario de boda. Al final de la velada me entregó un sobre con dos cartas. En una de ellas hacía una reflexión sobre cómo la enfermedad la había hecho consciente del valor de la vida, la familia y lo cotidiano. La otra carta era en realidad dos billetes de avión para pasar una semana en la Toscana, de forma que en el mes de octubre llegamos a esa bella región de Italia. Los viñedos que vestían sus colinas estaban llenos de luz y color, fueron días "de vino y rosas", tranquilos y hermosos donde apreciamos el valor de vivir momentos especiales y aprendimos a tener un corazón agradecido por aquellas cosas que a veces damos por sentado.

La madurez en la vida se alcanza cuando aprendemos a superar las pruebas, como si de una carrera de obstáculos se tratara, y con cada salto superado nos acercáramos más a la meta. Dios utiliza nuestro dolor, nuestras heridas, y cuando logramos superarlas, estas se transforman en cicatrices que nos proveen experiencia ante la vida, capacidad para entender el dolor ajeno, y sensibilidad para agradecer y apreciar el valor de los pequeños momentos, de la familia, los amigos, lo diario y cotidiano; pero a la vez, esas mismas cicatrices nos impulsan a ser generadores de recuerdos, a invertir en momentos especiales y tiempo de calidad familiar que formarán la mochila de nuestra vida donde acumulamos recuerdos, vivencias, auténticos tesoros de la memoria.

FRENTE A LAS INCERTIDUMBRES DE UN MUNDO VOLÁTIL NECESITAMOS EL ANCLA DE LA FAMILIA, ES NUESTRA PRIMERA MILITANCIA SOCIAL, NUESTRA PRIMERA LEALTAD, QUE NOS DA EL PRIVILEGIO DE PERTENECER A UNA CADENA GENERACIONAL Y NOS ASEGURA EL SENTIDO DE RAIGAMBRE.

Recuerda que nuestro mayor legado y nuestra mejor herencia no está en las posesiones sino en las relaciones, no seas tan pobre que solo tengas dinero, invierte en vida y en espacios de intimidad compartida, valora a tu familia, valora lo que tienes, recuerda siempre que lo importante no es el valor de tus riquezas, sino la riqueza de tus VALORES. Al final de nuestras vidas, si hemos sabido invertir en "la bolsa de valores divinos" tendremos derecho al mejor epitafio sobre la lápida que cierre nuestra historia y selle nuestra memoria familiar: *"He peleado la buena batalla, he acabado la carrera, he guardado la fe"*.[40]

Por ello la familia es la primera de las anclas, que en un mar embravecido nos arraiga y sujeta a una estabilidad que trae seguridad y solidez a nuestras vidas. La familia nos vincula a un sentido de pertenencia y continuidad que todos necesitamos, de manera que frente a las incertidumbres de un mundo volátil necesitamos el ancla de la familia, es nuestra primera militancia social, nuestra primera lealtad, que nos da el privilegio de pertenecer a una cadena generacional y nos asegura el sentido de raigambre. Las generaciones se consolidan cuando somos capaces de transmitir a nuestros hijos un sentido de continuidad generacional, cuando les hablamos de sus antepasados, de sus historias de vida, y aun cuando los conectamos con objetos tangibles que puedan ver y tocar: fotos, documentos u objetos antiguos que pertenecieron a los nuestros, y que a ellos les vinculan con una historia, con unos códigos propios, con un legado transmitido del que forman parte cual eslabones de continuidad en la cadena generacional, y que a todos nos aseguran pertenencia a una historia común, sentido de linaje y dinastía familiar. ¡El ancla de la familia!

NO FUIMOS DISEÑADOS PARA VIVIR EN SOLEDAD

Yo creo poderosamente en esta afirmación. Pero ya que la *creencia* no deja de ser algo subjetivo y personal, acudamos a la *ciencia* para explicar cómo en nuestra biología y dentro de nuestra estructura cerebral está la necesidad de relaciones significativas. Paul MacLean, neurocientífico norteamericano, desarrolló la teoría evolutiva del cerebro triuno, dividiéndolo en cerebro inferior o reptiliano, cerebro medio o sistema límbico, y cerebro superior o corteza cerebral.

---

40. (2 Tim. 4:7-8)

Las tres partes interactúan simultáneamente, pero a nivel pedagógico y para entendernos el Dr. MacLean desarrolló esta división. El cerebro inferior o reptiliano, simplificando conceptos, es la parte instintiva de nuestro cerebro que corresponde a las respuestas automáticas, regulando los elementos básicos de supervivencia (respiración, digestión y funciones básicas de los instintos). El cerebro superior o neocórtex es el centro de las funciones cognitivas superiores y tiene que ver con el razonamiento, el lenguaje, la estrategia y la toma de decisiones, pero el cerebro medio o sistema límbico es el auténtico corazón de todo el conjunto, siendo el centro de las emociones, la memoria a largo plazo, la interacción social y la empatía. Podríamos decir que el sistema límbico es el sistema del amor. Esta parte de nuestra estructura cerebral, a través del hipotálamo, es la encargada de liberar dopamina, una de las llamadas hormonas de la felicidad que entre otros contextos se segrega en situaciones interpersonales donde la emotividad, la comunicación, la empatía y las relaciones están presentes.

> **EL CEREBRO MEDIO O SISTEMA LÍMBICO ES EL AUTÉNTICO CORAZÓN DE TODO EL CONJUNTO, SIENDO EL CENTRO DE LAS EMOCIONES, LA MEMORIA A LARGO PLAZO, LA INTERACCIÓN SOCIAL Y LA EMPATÍA. PODRÍAMOS DECIR QUE EL SISTEMA LÍMBICO ES EL SISTEMA DEL AMOR.**

Queda claro que fuimos diseñados biológicamente para amar, para tener relaciones sociales significativas, para darnos a los demás, pues como dice Fernando Savater *"la solidaridad no es un gesto altruista, es una necesidad universal"*. Por ello las relaciones sociales nos suplen esa necesidad que llena el hueco de una soledad no deseada, pero las relaciones familiares van un paso más allá y nos generan y suplen la necesidad de arraigo y pertenencia, así como el sentido de herencia generacional y saga familiar que ya hemos mencionado.

Hasta ahora hemos visto cómo desde el campo de la biología, en nuestra estructura cerebral está la capacidad y la necesidad de relacionarnos. Pero desde el campo de la antropología y la sociología, seguimos defendiendo el mismo concepto, pues en estas disciplinas se parte de dos grandes afirmaciones. La primera es "el ser humano es social por naturaleza: somos seres gregarios que necesitamos de la familia y de la comunidad". En segundo lugar "el ser humano anhela formar parte de un conjunto de antecedentes, intereses y costumbres que nos anclen a un lugar y a una historia". Estas son necesidades universales comunes a la raza humana en cualquier cultura y civilización.

Pero no solo desde los campos de la neurociencia, biología o antropología se reconoce la necesidad de suplir soledad por compañía. En teología se parte del mismo principio, pero desprendido de las páginas de la Biblia. Aquellos que sustentamos una fe basada en los principios de la Palabra de Dios, tenemos la mejor cartografía, el mapa completo no solo de la creación, sino del propósito de Dios para la humanidad. En la descripción del libro de Génesis, y en el contexto de la creación del cosmos, Dios declara que *"no es bueno que el hombre esté solo, le haré ayuda idónea"*.[41] Desde el inicio, la creación de la mujer viene a suplir una soledad para la que el hombre no estaba preparado, pues no fuimos diseñados para vivir en soledad sino en compañía, somos seres gregarios dotados por voluntad divina con la necesidad y posibilidad de socializar, de amar y poseer círculos de relaciones, siendo la familia nuestro primer nido social de referencia.

Ahora quiero contarte la historia de un pequeño huerto de lentejas. El rey David fue uno de los grandes personajes de la historia bíblica, llegando a ser el pueblo de Israel una de las monarquías

---

41. Génesis 2:18

más poderosas de todos los tiempos. Al final de sus días pronuncia en el segundo libro de Samuel[42] sus últimas palabras antes de morir. En ellas el rey David, ya un hombre viejo y cansado, narra las hazañas, las crónicas de tres grandes hombres que tuvieron el privilegio de sentarse a la mesa real y comer con él cada día. Son los llamados "valientes de David". Recuerda que eran tiempos de guerra y de hazañas militares donde los combates y las batallas eran el pan cotidiano. Uno de esos hombres había ganado el derecho a sentarse a la mesa del rey, al haberse convertido en un héroe, logrando grandes victorias y bajas frente al enemigo. El siguiente valiente, también un hombre de armas, había peleado tan duro y con tanto esfuerzo, que literalmente su mano se había quedado pegada a la espada entre la sangre y el sudor. Sin duda estos dos primeros valientes, guerreros heroicos, habían hecho méritos militares para ganarse el favor del Rey y tener el enorme privilegio de sentarse a la mesa real.

Antes de hablar del tercero de los valientes de David, recordamos las propias palabras del rey cuando agradece a Dios por los logros y éxitos de su reinado, a la par que proclama su esperanza de la venida de Jesucristo como el hijo encarnado de Dios: "*Habrá un justo que gobierne entre los hombres, que gobierne en el temor de Dios. Será como la luz de la mañana, como el resplandor del sol en una mañana sin nubes, como la lluvia que hace brotar la hierba de la tierra. Sin embargo no es así mi casa para con Dios*".[43] Seguramente el Rey con amargura de espíritu pronuncia esas últimas palabras: "*no es así mi casa para con Dios*". Y es que al final de sus días David reconocía que no había sido un buen esposo ni un buen padre. Su adulterio con Betsabé tuvo grandes y graves consecuencias pues sus propios hijos lucharon con las mismas tentaciones y pecados.

---

42. Ver 2 Samuel 23
43. 2 Samuel 23:3-5

Por eso cuando le llega el turno al tercero de sus valientes, estoy seguro de que este realizó la hazaña que más valoró el rey David. Se trata de Sama quien frente al ataque de los filisteos, uno de los pueblos del mar que habitaban en las regiones costeras de Canaán, se defiende, lucha por su "pequeño terreno de lentejas" y Dios le da la victoria. Uno podría pensar qué tipo de hazaña representa defender un pequeño huerto de lentejas, pero sucede que lo que Sama defendió en realidad, fue lo que David no supo defender en su propia vida. El "pequeño terreno de lentejas" representa a la familia, nuestro primer huerto, nuestra primera responsabilidad, aquello que David no supo valorar ni guardar y que al final de sus días, con la sabiduría de los años y la experiencia de los errores, valoró y reconoció en el tercero de sus valientes. El ejemplo, que en este caso por defecto nos enseña el rey David, es que lo importante en nuestras vidas no tiene que ver con el éxito laboral, ni con la promoción personal en esta sociedad que valora la citada soberanía del individuo; tiene que ver con la familia como nuestro primer sistema social a defender. Ya lo dijo Fernando Parrado, uno de los supervivientes del accidente de avión en la tragedia de los Andes allá por los años 70: *"ningún éxito en lo laboral justifica el fracaso en lo familiar".*

EL ROMANCE DE LOS PÁJAROS Y EL NÁUFRAGO SOLITARIO

En los años 90 vivíamos en una bonita isla en medio del mar mediterráneo. Cuando nuestro hijo cumplió los 5 años fuimos a la tienda para regalarle un pajarito. Enseguida se fijó en una pajarera donde había muchos pájaros multicolores. Cuando escogió el que más le gustaba, el dueño de la tienda nos dijo que ese pájaro en particular no lo podía vender solo pues ya se había emparejado, nos explicó que esa clase de pájaros se llamaban inseparables o pájaros del amor, porque una vez que escogían pareja la mantenían para toda la vida. Al final tuvimos que comprar la pareja de inseparables. A los pocos días nuestro hijo dejó la puerta de la jaula mal cerrada y uno de los inseparables salió volando. Pensamos que ya no lo volveríamos a ver. Dos días después el inseparable volvió al patio de nuestra casa y lo encontramos aleteando e intentando entrar entre los barrotes de la jaula. Entonces nos dimos cuenta de que el hombre de la tienda tenía razón: el inseparable prefería la esclavitud con su pareja a la libertad solo.

La película que en España lleva por título "Náufrago" narra la historia de Chuck (Tom Hanks) trabajador de la empresa de transportes urgentes FEDEX, quien sufre un accidente de avión cuando transportaban mercancías para repartir entre Los Ángeles y las islas Hawái. Solo sobrevive él, y milagrosamente el mar embravecido lo lleva hasta la playa de una isla perdida. Al poco tiempo, y arrastrados por la marea, comienzan a llegar a la playa los restos del avión entre los que logra recuperar varios paquetes. Uno de ellos contenía una pelota de voleibol de la marca Wilson. Entonces Chuck con su propia sangre pinta un rostro sobre la pelota, y le pone el mismo nombre de la marca, pero ahora atribuido a una persona, el Sr. Wilson. Con este acto simbólico el náufrago acaba de crear un "tú" que lo va a hacer consciente de su "yo", y le va a ayudar a superar la soledad forzosa a la que parece condenado y para la que no fue diseñado.

En estas situaciones extremas, el pájaro necesitó volver junto a su compañera, y el hombre tuvo que "crear" un compañero de camino. Al pajarito la libertad de poder ir a donde quisiera, de gobernar su existencia volando libre, no le compensó la ausencia de su compañera, simbolizando así que el concepto de libertad, como principio de autonomía desligado de todo compromiso social, sirve de poco cuando descubrimos que no hay alteridad, que no hay "un otro" a nuestro lado. En el caso de Chuck, pudo comprobar que la esclavitud a la que el destino lo condenó, solo la podía soportar si se inventaba un "otro", un *alter ego*, un confidente, un compañero de camino, es decir su amigo Wilson..

LA COMIDA PRODUCE LA EXTRAORDINARIA SIMBIOSIS ENTRE LA NECESIDAD FISIOLÓGICA DE COMER Y LA PSICOLÓGICA DE RELACIONARNOS. NO, NO FUIMOS DISEÑADOS PARA VIVIR EN SOLEDAD, SINO EN COMPAÑÍA, SIENDO LA FAMILIA LA PRIMERA DE LAS ANCLAS QUE SUPLE NUESTRAS NECESIDADES VITALES.

La palabra compañerismo es muy interesante, en su etimología quiere decir "comer pan con", y por tanto un "compañero" es alguien con quien ya hemos comido pan. Las mejores conversaciones, muchos de los mejores recuerdos, muchos de los mejores tratos, se celebraron o se cerraron en torno a una mesa. Esto alude a la importancia de la simbiosis entre la comida y la comunicación. Cuando un bebé llora, no lo hace solo por comida, también por contacto, es decir cuando el bebé siente el calor del pecho materno, así como su olor y su tacto, su piel, el pulso o los latidos de su corazón, se nutre también afectivamente. Necesita ambas cosas sin las que no puede sobrevivir pues *nutrición y contacto, alimento y comunicación* van de la mano y se convierten por derecho propio en elementos imprescindibles para la vida desde la cuna a la tumba.

Cuando participamos de una comida nuestro intestino —llamado también "el segundo cerebro", y que contiene una auténtica red neuronal de más de 100 millones de neuronas— se pone en marcha en conexión directa con el cerebro "central". Es decir, hay una comunicación entre el cerebro y el intestino, por lo que determinadas hormonas como la dopamina son segregadas produciendo sensaciones de bienestar y armonía relacional. El propio Jesús era acusado de "comilón y bebedor", ya que parte importante de sus grandes enseñanzas se daban en torno a una comida. Aun la iglesia primitiva comienza celebrando ágapes que no eran sino cenas de hermandad, auténticas reuniones fraternales por los hogares de los primeros cristianos. La comida produce la extraordinaria simbiosis entre la necesidad fisiológica de comer y la psicológica de relacionarnos. No, no fuimos diseñados para vivir en soledad, sino en compañía, siendo la familia la primera de las anclas que suple nuestras necesidades vitales.

EL ANCLA DE LA FAMILIA
PRINCIPIO DE VIDA:
RAÍCES DE PERTENENCIA Y SENTIDO DE HISTORIA GENERACIONAL

2. EL ANCLA DE LA INTEGRIDAD.
ENTRE LA CREENCIA Y LA EXPERIENCIA

HACIA LA BÚSQUEDA DE LA INTEGRIDAD PERDIDA

La integridad es una virtud que no está muy de moda en esta moderna aldea global caracterizada por la ausencia de valores y ética normativa, donde la experiencia personal y la cultura del hedonismo se convierten en los valores supremos a seguir. La integridad se compone de dos conceptos que se complementan: creencia y experiencia. Cuando tus valores y ética personal se avalan por un estilo de vida cotidiana de acuerdo con los mismos, entonces hablamos de carácter íntegro, cuando *creencia* y *experiencia* se dan la mano, estamos ante una persona coherente y consecuente. Cuenta la historia que en una entrevista le preguntaron a un matemático filósofo cuál era el valor numérico de un ser humano. El sabio respondió: *Si tiene integridad su valor numérico es 1, pero si además tiene inteligencia le añadimos un cero con lo cual su valor ya es 10, si además tiene conocimiento le añadimos otro cero y su valor ya asciende a 100, pero si además tiene sabiduría, le añadimos otro cero, con lo que su valor numérico ya asciende a 1000. Pero si a esa persona le quitamos la integridad, lo habrá perdido todo y su valor numérico como ser humano será cero".*

> CUANDO TUS VALORES Y ÉTICA PERSONAL SE AVALAN POR UN ESTILO DE VIDA COTIDIANA DE ACUERDO CON LOS MISMOS, ENTONCES HABLAMOS DE CARÁCTER ÍNTEGRO, CUANDO *CREENCIA* Y *EXPERIENCIA* SE DAN LA MANO, ESTAMOS ANTE UNA PERSONA COHERENTE Y CONSECUENTE.

Durante el periodo de la gran depresión, un predicador había sido contratado en una pequeña y pobre iglesia de un pueblecito olvidado. El hombre casi no tenía dinero para comer, y al subirse al autobús para llegar al pueblo, le extendió un billete al chofer, el cual le devolvió lo sobrante. Cuando el predicador se sentó, observó que el chofer le había devuelto 4,5 dólares pensando que le había dado un billete de 5 en vez de uno de dólar. Espiritualizando la situación, el predicador comenzó a dar gracias a Dios por proveerle esas monedas que tanto necesitaba, pero al momento se dio cuenta de que era una actitud incorrecta de falta de honradez, y acercándose al chofer le informó del error y le devolvió el dinero. El chofer, con media sonrisa, le dijo: "Sé que usted es el nuevo pastor de la iglesia, yo hace tiempo que no voy y estaba valorando volver, pero quise ponerle a prueba en su honestidad, gracias por hacer lo correcto, nos vemos el domingo...". El predicador volvió a su asiento con un nudo en la garganta pues había estado a punto de vender su integridad por un miserable puñado de monedas.

Había una vez una alondra que vivía en lo más profundo de un solitario desierto. Cada jornada, con mucho esfuerzo y trabajo, lograba conseguir las codiciadas larvas y gusanos con los que se alimentaba. Un día llegó un misterioso mercader venido de lejanas tierras que a voz en grito proclamaba: "¡Dos gusanos por una pluma, entregando una pluma recibirás dos gusanos!". La alondra no se lo podía creer, y volando hacia el mercader le entregó dos plumas, con lo que recibió cuatro gordos y jugosos gusanos. Pensó que le había tocado la lotería, y las siguientes semanas fue intercambiando sus plumas por el deliciosos manjar conseguido sin ningún esfuerzo personal, (o eso pensaba ella). Un día entregó otras dos plumas, y después de comerse los gusanos quiso elevar el vuelo, pero no pudo, se cayó al suelo torpemente y con un sonido seco.

La alondra había perdido la capacidad de volar al haber vendido sus plumas. Angustiada, cayó en la cuenta del terrible error cometido, entonces se puso a buscar desesperadamente cuanto gusano podía encontrar. Con mucho trabajo y esfuerzo removía la tierra, miraba bajo las piedras, hurgaba en los troncos secos, hasta que finalmente y agotada logró reunir un puñado de gusanos. Corrió hacia el mercader y entregándole los gusanos le imploró que le devolviera sus plumas, pero el mercader se negó aduciendo: "lo siento, un trato es un trato".

No podemos permitir que nuestra integridad sea puesta a prueba por un fajo de billetes o por un puñado de gusanos. La integridad, el honor, la lealtad y la honradez son valores sólidos y universales que la sociedad líquida actual pone a prueba constantemente. Ser íntegro significa poseer la riqueza de la fidelidad, franqueza, nobleza, sinceridad y rectitud, primero con nosotros mismos y en segundo lugar con aquellos con quienes tenemos un lazo familiar de compromiso, luego con amistades, conocidos, y en realidad con toda persona que forme parte de nuestro círculo de influencia o sea nuestro prójimo. La integridad como un valor moral también se asocia con respeto, palabra muy interesante en la que nos vamos a detener.

El vocablo respeto, según la teoría lingüística, se compone de dos términos, por un lado el sufijo *"res"* que indica "volver a", y por otro el verbo *spectare* que significa "aparición, espectro", pero que a su vez deriva de *specere* que significa "mirar o mirada". Una persona íntegra posee la sabiduría de no quedarse con la primera mirada hacia el prójimo, va más allá de su apariencia o creencia y le da una segunda mirada, respetándolo y no haciendo juicios anticipados por lo que puede ver a simple vista.

Se trata de que al respetar a alguien, no tenemos en cuenta "su aparente fachada", no juzgamos por la apariencia, vamos un paso más allá mirando las verdaderas intenciones del corazón, descubriendo y comprendiendo qué dolor y sufrimiento, qué heridas, soledades o desprecios esconde, mirando así mas allá de la *apariencia* para descubrir la *evidencia*. En una sociedad que valora la estética, el aspecto personal, la posición social, las riquezas, donde el mantra *"tanto tienes tanto vales"* parece la vara de medir, la integridad con nosotros mismos nos lleva a respetar a los demás independientemente de su raza, sexo, condición social, apariencia, color de piel o creencia religiosa, pues como decía Antoine de Saint-Exupéry en su inmortal obra El Principito: *"lo esencial es invisible a los ojos"*.

Necesitamos el ancla de la integridad personal y del respeto al prójimo. Pero serán las páginas de la Biblia y el autor divino que las inspiró quienes nos den la medida de la integridad y el respeto *"Porque Dios no mira lo que mira el hombre, pues el hombre mira lo que está delante de sus ojos, pero Dios no mira la apariencia, sino lo profundo del corazón"*.[44]

LA ÉTICA DE LA VERDAD Y EL COMERCIO DE LA LECHE

La mayoría del norte de Europa está compuesta por países que abrazaron la Reforma Protestante, comenzada por un monje alemán llamado Martín Lutero. Hasta entonces la Biblia era un libro exclusivo del clero y solo podía ser leída en los idiomas originales en los que se escribió, es decir hebreo, algo de arameo y posteriormente griego, así como también en latín, que era la lengua de la tradición eclesiástica. Esto unido al hecho de que cualquier libro debía ser escrito y copiado a mano en costosos ejemplares cuyo volumen y calidad de materiales hacían prácticamente imposible su acceso a la inmensa mayoría de las personas, provocaba que su lectura solo estuviera reservada a los monasterios o a la casta gobernante y la nobleza. Cuando Lutero traduce la Biblia al alemán, se sirve del revolucionario invento de la imprenta de Gutemberg, siendo la Biblia su primer libro impreso.

Este hecho, allá por el año 1455, constituyó un cambio radical en los paradigmas de la época. Era una nueva era cultural que cerró la tradición oral como medio de preservación de la cultura

---

44. Ver 1 Samuel 16:7

propia de la Edad Media, y abrió las puertas a la Modernidad, permitiendo que los libros fueran impresos en tiempo récord, a bajo coste y en sucesivas ediciones, lo que facilitó que la Biblia y otros libros posteriores del saber universal, fueran asequibles al pueblo. Esto provocó una revolución en la vida social de la época, muchas personas aprendieron a leer con la Biblia y así los valores universales de honradez, justicia, integridad y amor al prójimo, es decir la moral cristiana, comenzaron a permear y a dirigir la vida diaria de los ciudadanos. Todo lo mencionado facilitó que bajo el nuevo orden social de una ética normativa, se desarrollara una cultura de prosperidad y solidaridad común, porque el principio es el siguiente: la verdad genera riqueza, la mentira empobrece. La ética de la verdad frente a la ética de la mentira. Expliquemos este principio con la analogía de la leche.

Imagínate que en los países donde prosperó la Reforma y la Biblia, *la ética de la verdad* se hizo accesible al pueblo, de esta manera las botellas de leche podían dejarse en la plaza frente a una mesa con una cajita o monedero, donde las personas llegaban, tomaban su botella de leche y depositaban la moneda correspondiente a su precio. No se necesitaba ningún tipo de vigilancia pues todos asumían el valor de la honradez y que lo justo era pagar el precio acordado. Imagínate el mismo escenario para los países mayormente del sur de Europa donde se prohibió la traducción de la Biblia a las lenguas vulgares y donde —por lo tanto— la ética de la verdad y la honradez no empapó la moral ciudadana. Sin duda habría personas honestas que pagarían el precio de la leche, pero muchas otras no teniendo valores arraigados se conducirían mas bien por la ética de lo picaresco, no depositando la moneda, o tomando dos botellas de leche y pagando una, y por lo tanto procurarían el beneficio personal por encima de la honradez colectiva y el bien común.

ESTO PROVOCÓ UNA REVOLUCIÓN EN LA VIDA SOCIAL DE LA ÉPOCA, MUCHAS PERSONAS APRENDIERON A LEER CON LA BIBLIA Y ASÍ LOS VALORES UNIVERSALES DE HONRADEZ, JUSTICIA, INTEGRIDAD Y AMOR AL PRÓJIMO, ES DECIR LA MORAL CRISTIANA, COMENZARON A PERMEAR Y A DIRIGIR LA VIDA DIARIA DE LOS CIUDADANOS.

Para que esto no ocurriera, esas mismas botellas de leche no podían venderse sin que alguien vigilara que nadie se llevaba una sin depositar el costo acordado. Naturalmente a esa persona había que pagarle, lo que encarecía el precio de la leche. En la misma línea y para tener la seguridad de que lo que contenían las botellas era leche pura sin rebajar, había que pagar a otra persona para que supervisase el proceso de llenado, lo cual volvía a encarecer el precio del producto. Trasladando la sencilla analogía a la economía de un país, el principio emergente es que la verdad genera riqueza y la mentira empobrece.

Esto se observa fácilmente en la prosperidad de países del norte de Europa, donde prosperaron los valores de honradez e integridad al llegar al pueblo llano la ética de la verdad, y por otro lado la economía más débil de los países del Sur donde no se normalizaron los valores de la integridad. En el escenario mundial, Estados Unidos sigue siendo todavía primera potencia,[45] a pesar de la pérdida de hegemonía en algunas áreas, y Alemania, hasta hace no tantos años, era asimismo la segunda potencia económica del mundo, siendo todavía al día de hoy la locomotora de la economía Europea. Ambos países fueron influenciados o fundados sobre la ética de la verdad basada en los principios de la Biblia. No es por casualidad sino por *causalidad*.[46]

---

45. Viene pisando fuerte China, el Imperio del Dragón, que ya es primera potencia mundial en tecnología.
46. Para más información: *"La ética protestante y el espíritu del capitalismo"* de Max Webber.

LA LEYENDA DEL ARMIÑO Y EL CAZADOR DE PIELES

Cuenta la historia que en un antiguo país del norte se utilizaba una técnica infalible para cazar armiños. Se trata de un pequeño animal cuya piel era muy apreciada por su blancura intensa. Antes de que despuntara el alba, el cazador salía al bosque con sus perros y con una bolsa de basura lo mas maloliente posible. Adentrándose en la espesura iba buscando los agujeros en las peñas que revelaban la entrada de la guarida del armiño. Este, al ser un animal nocturno que caza por las noches, no regresaba hasta el amanecer. Entonces el cazador vertía a la entrada de la pequeña cueva todos los desperdicios y basura que llevaba en la bolsa, a la vez que soltaba a los perros. Cuando el armiño oía el ladrido de los perros acercándose, huía de inmediato a refugiarse en su guarida, pero al llegar encontraba la entrada llena de la mencionada basura. Entonces el armiño se negaba a entrar para salvarse, y dándose la vuelta se enfrentaba a los perros hasta morir, pues prefería morir limpio a vivir sucio.

En determinados países, muchos jueces en actos oficiales llevan encima de sus hombros y sobre su toga, una piel de armiño llamada esclavina. Esa piel blanca e inmaculada les sirve como recordatorio y advertencia de que tienen que ser íntegros y limpios en el ejercicio de su magisterio. Aquí la palabra *magisterio* es interesante y se opone a *ministerio*. Un "magis" implica estar por encima de los demás para ejercer las labores propias de juzgar y dictar leyes, son los jueces o magistrados. Sin embargo ministerio implica un "minus" es decir "por debajo de" o "al servicio de". Los ministros de cualquier gobierno son cargos públicos con el propósito de servir a su país en las labores de su competencia. Aun los que servimos a Dios y a su Iglesia somos considerados ministros[47] del Señor con el llamado a servir al prójimo; y si a los jueces se les recuerda que en el ejercicio de su labor deben ser íntegros, cuánto más los que

47. El término ministro deriva del latín *minister*, que significa sirviente, servidor.

seguimos a Cristo como modelo y ejemplo de integridad, tenemos que ser modelo de coherencia haciendo un buen maridaje entre creencia y experiencia.

> **LA COHERENCIA, LA HONESTIDAD, LA RECTITUD, LA PUREZA, LA SINCERIDAD, EL "SER DE UNA PIEZA", SIN DOBLECES, NI ENGAÑO NI FACHADAS, SE CONSTITUYEN POR DERECHO PROPIO EN LOS MATERIALES QUE SE FUNDEN EN EL ANCLA DE LA INTEGRIDAD.**

Según el imaginario popular, en la época del Renacimiento algunos escultores que tallaban figuras de madera cometían pequeños errores que subsanaban tapando los defectos con cera, que luego barnizaban, pareciendo la figura como tallada sin defectos visibles. Los artesanos honrados sin embargo al vender sus piezas reparadas junto a las que no tenían defecto camuflado con cera, ponían un cartelito que anunciaba "con cera" o "sin cera" para distinguir la calidad de ambas piezas. El saber popular se encargaría de normalizar que la palabra "sincera" provenía de las mencionadas figuras para señalar que una persona sincera debía ser alguien sin doblez, ni engaño, es decir de una sola pieza. La realidad etimológica de la palabra avala la leyenda popular pues la palabra sincera proviene del latín "sincērus" cuyo significado es "puro", "sin mezcla".

Lo último que puede perder una persona es su dignidad como ser humano y los valores éticos que la componen. La coherencia, la honestidad, la rectitud, la pureza, la sinceridad, el "ser de una pieza", sin dobleces, ni engaño ni fachadas, se constituyen por derecho propio en los materiales que se funden en el ancla de la integridad.

ANCLA DE INTEGRIDAD.
PRINCIPIO DE VIDA:
UN CÓDIGO DE HONOR Y PUREZA POR EL QUE DEBEMOS CONDUCIRNOS

3. EL ANCLA DE LA ESPERANZA. *SIN ESPERANZA NO HAY FUTURO*

LA FÁBULA DEL BURRO Y LA ZANAHORIA

Cuando era pequeño veía unos dibujos animados de un hombre que tras subirse a su burro, comenzaba a azuzarlo para que empezase a caminar, pero el burro se negaba a moverse. Entonces el hombre cambió de estrategia: tomó una larga caña de pesca y colocó al final de la misma, suspendida de un hilo, una jugosa zanahoria. El hombre vuelve el hombre a subirse al burro colocando delante de la cabeza del animal la mencionada caña. Cuando el burro la ve comienza a caminar, o más bien a trotar en busca del apetitoso bocado, ¿por qué? Muy sencillo, porque todos buscamos una meta, una motivación, un propósito, "una zanahoria".

Hemos hablado de cómo en nuestra sociedad el tiempo transcurre muy aprisa, en una auténtica aceleración que tiene que ver con la visión a corto plazo y la cultura de lo instantáneo ya mencionada. En Occidente vivimos inmersos en un estilo de vida acorde con los valores capitalistas de productividad, por lo tanto el activismo y los resultados inmediatos marcan el rumbo de nuestras vidas. Sin embargo en Oriente se vive una cultura que ancestralmente viene influenciada por la búsqueda de una vida más reflexiva que busca la paz interior, la meditación y los valores de sabiduría y contemplación.

En griego existen dos palabras para definir el concepto del tiempo, una de ellas es *kronos* y la otra *kairos*. *Kronos* alude al concepto del tiempo lineal y consecutivo que va pasando. Si tuviéramos que elegir un símbolo para definirlo usaríamos un cronómetro que mide justamente el fluir constante del tiempo registrando con precisión como se va consumiendo. Sin embargo, la palabra *kairos* implica algo más profundo y reflexivo que el simple paso secuencial de segundos, minutos u horas. Se trata sobre cómo lo empleamos, en qué dirección y con qué propósito, es el concepto del "tiempo oportuno", que requiere intencionalidad en su uso y no simplemente su consumo. El símbolo aquí sería una brújula que nos marca el rumbo al que queremos ir, dando así sentido y finalidad al empleo del tiempo.

Entre estos dos conceptos lo que marca la diferencia es la esperanza. Cuando vivimos sin ella el tiempo se convierte en un conteo regresivo hacia la nada, el vacío o la muerte. Es el *kronos* el cronómetro que marca implacablemente la cuenta atrás. Por eso el tiempo solo tiene sentido cuando se entiende como *kairos*, cuando hay propósito, futuro y esperanza, una brújula que nos marca el rumbo y nos asegura un destino final. Es el concepto de raíces y alas, anclas y velas. Las raíces y las anclas nos proveen seguridad y sentido de pertenencia, mientras que las velas y las alas nos impulsan a conseguir nuestras metas o propósitos, nuestras "zanahorias" particulares. Unas sirven para fijarnos a un lugar y otras para llevarnos a un destino. La esperanza se compone de ambos conceptos que parecen antagónicos pero que en realidad son complementarios. La esperanza nos protege frente a la adversidad y nos ayuda a alcanzar nuestras metas. Así, al proveernos de fe en el futuro, en realidad nos hace vivir bien en el presente, y esto nos enraíza y nos ancla a nuestra historia.

Es notorio el interés de la medicina y de la psicología por la esperanza como un factor generador de salud integral. El científico estadounidense Charles Snyder, autor del libro *"La psicología de la esperanza"*, la desarrolla "como una idea motivacional que capacita a una persona para que crea en resultados positivos acerca de sus metas, de tal manera que la persona que tiene esperanza, logra desarrollar estrategias de vida y de supervivencia de forma más eficaz, dotándole así de motivación y fortaleza para ponerlas en práctica.

LA ESPERANZA NOS PROTEGE FRENTE A LA ADVERSIDAD Y NOS AYUDA A ALCANZAR NUESTRAS METAS. ASÍ, AL PROVEERNOS DE FE EN EL FUTURO, EN REALIDAD NOS HACE VIVIR BIEN EN EL PRESENTE, Y ESTO NOS ENRAÍZA Y NOS ANCLA A NUESTRA HISTORIA.

La situación generada por la pandemia y agravada por los conflictos sociopolíticos y la crisis medioambiental, ha tenido un efecto significativo en el sentido de esperanza de muchas personas. La ansiedad que caracteriza los nuevos entornos BANI, es provocada no solo por la situación presente de incertidumbre generalizada, sino sobre todo por la falta de futuro, de horizontes claros, es decir por la falta de esperanza. Pero, ¿qué es la esperanza?

La Asociación Estadounidense de Psicología define la esperanza como *"la expectativa de que se vivirán experiencias positivas, o que aun en una situación potencialmente peligrosa, se superará la prueba y habrá perspectivas de futuro"*. Las personas propensas a la depresión y al pensamiento negativo tienen un sistema inmunológico más débil y con menos defensas, por lo tanto poseen mayor predisposición a enfermedades, mientras que las personas optimistas y positivas, tienen mayor inmunidad, una mejor salud física en general y un funcionamiento mental óptimo. En términos generales, los estados emocionales que contienen características asociadas o derivadas de la esperanza, como ilusión, motivación, ánimo, perspectivas de futuro, etc., aumentan la función inmunológica de nuestro organismo, generando un buen sistema defensivo para combatir enfermedades.

Pero aparte de los beneficios constatados para nuestro organismo en general, un aspecto interesante sobre la esperanza, que para los creyentes obtiene su mayor potencial en la Biblia, es que se nos presenta no como un simple fruto del pensamiento positivo, sino como consecuencia directa de desarrollar una relación íntima con Dios:

> *"Para muchos investigadores la esperanza es solamente una cuestión de "pensamiento positivo"; algo que nosotros mismos producimos. Eso ocurre cuando se ignora el origen y el mecanismo general de esa emoción. Desde finales de la década de 1990 se comprobó que la esperanza está ligada a virtudes como paciencia, gratitud, amor y fe. Y estas son virtudes originalmente bíblicas. El investigador afirma que la esperanza no establece vínculo solamente con el prójimo, sino sobre todo con un Ser superior, es decir, con Dios. Eso muestra que la verdadera esperanza es diferente del optimismo o el pensamiento positivo. La esperanza liga a la persona con un Dios personal que es fuente de poder.*[48]

Concluimos este apartado comprobando cómo desde los ámbitos de la psicología, la biología y la teología queda patente que la esperanza es un valor imprescindible sin el que no podemos vivir. En realidad, la esperanza forma parte del propósito de Dios para la humanidad y se constituye en un ancla para nuestras vidas: *"La esperanza puesta delante de nosotros, es como una segura y firme ancla del alma"*.[49]

DESMONTANDO EL MITO: "MIENTRAS HAY VIDA, HAY ESPERANZA"

El refrán popular dice *"mientras hay vida hay esperanza"*. Es cierto que en principio alude al hecho de que hay que mantener la esperanza hasta el último aliento de vida, sin embargo pienso que también puede ser justo al revés: *"mientras hay esperanza, hay vida"*. El índice de suicidios tras la pandemia del año 2020 se disparó trágicamente, en especial entre la juventud. Esto ocurre porque no podemos vivir sin un futuro y una esperanza, sin un propósito que

---

48. https://esperanzaweb.com/salud/esperanza-hace-bien-a-tu-salud/
49. Ver Hebreos 6:19

se constituya en motor de nuestra fuerza interior. Cuando no hay nada por lo cual luchar, no hay nada por lo cual vivir, cuando se anula la sana ambición de perseguir algo, la fortaleza interior se desvanece, el ánimo decae y no encontramos el sentido de la vida. En estas circunstancias muchas personas son abocadas a vivir el presente y su realidad inmediata, hay una necesidad apremiante de sensaciones, de llenar con estímulos sensoriales el vacío existencial, de disfrutar el presente en búsqueda de placeres instantáneos que mitiguen la soledad interior y compensen la falta de fe en el futuro.

La Biblia en la carta a los Romanos dice: *"a los que aman a Dios todas las cosas les ayudan a bien"*.[50] Bueno, creo que esta es la perspectiva realista de la esperanza, no se trata de una ilusión o de una creencia emocional fruto de la debilidad para afrontar situaciones presentes difíciles que no sabemos resolver. Asimismo el Salmo 23 dice: *"aunque ande en valle de sombra de muerte no temeré mal alguno porque tú estarás conmigo, tu vara y tu cayado me infundirán aliento"*,[51] y es que bajo la perspectiva bíblica aquí no se nos promete ser librados de las pruebas como si un Dios rescatador irrumpiera en nuestra historia personal para sacarnos de inmediato de la situaciones difíciles.

Muchas personas esperan la solución de sus problemas en Dios bajo una teología de la esperanza[52] infantil e inmadura, para en realidad no tener que esforzarse en la vida. Todo ser humano debe luchar y esforzarse por perseguir metas y aspiraciones, pero los cristianos contamos con el valor añadido del poder de Dios y su ayuda para enfrentar y superar los retos y peligros de la existencia. Dios no nos libra de las pruebas, esta es la realidad, pero se compromete a tomarnos de la mano y pasarlas con nosotros, enseñándonos a través de ellas principios de sabiduría. ¡Esto es esperanza!

50. Romanos 8:28
51. Salmo 23:4
52. Para una correcta teología de la esperanza, ver el libro de J. Moltmann, *Teología de la esperanza*. Sígueme, 1965

El apóstol Pablo destaca en la Biblia cómo la esperanza es una de las tres virtudes principales del cristiano, juntamente con la fe y el amor. *"Ahora, pues, permanecen estas tres virtudes: la fe, la esperanza y el amor".*[53] Y es que a través de esta virtud, los cristianos anhelamos y esperamos en Dios una vida mejor, una vida superior y eterna que será alcanzada cuando se manifieste el Reino de los Cielos. De hecho, la palabra "esperanza" existe en la mayoría de los idiomas del mundo, lo que avala el hecho de que ninguna cultura o civilización puede vivir sin ella.

La dramática historia de Viktor Frankl es el mejor testimonio sobre lo que venimos hablando. Nació en Austria, en el seno de una familia de origen judío, llegando a ser un psiquiatra, neurólogo y escritor reconocido mundialmente. Pero su verdadera historia de vida comienza con su reclusión forzada en los siniestros campos de concentración alemanes. Estuvo en cuatro de ellos, incluido Auschwitz, conocido como el campo de exterminio número 1. Lo que experimentó en esos años es inimaginable y difícil de soportar. Sufrió la pérdida de sus padres, su esposa y varios de sus hermanos y amigos. Tristemente él fue su propio experimento, y a raíz de su propio dolor, investigó y estudio sobre el porqué de la existencia, desarrollando el concepto de la Logoterapia, una psicoterapia que desde el análisis existencial se centra en la búsqueda del sentido de la vida, no solo como un recurso terapéutico, sino en toda su profundidad psicológica, como un auténtico recurso de supervivencia.

Frankl recibió 29 doctorados *honoris causa* de distintas universidades, y hasta los 85 años de edad de forma regular impartió cursos y conferencias por todo el mundo. Consideraba que la experiencia humana tiene tres dimensiones: la somática o física, la mental y la espiritual. Decía que el origen de las alteraciones psicológicas es la falta de fortaleza en la dimensión espiritual, la que nos conecta con lo trascendente. Una de sus célebres frases fue: *"He*

---

53. Ver 1 Corintios 13:13

encontrado el significado de mi vida ayudando a los demás a encontrar el significado de la suya". Cuando se tiene un sentido de vida, un "para qué", surge la capacidad y fuerza interior para vencer obstáculos, para enfrentar los retos que la vida plantea. "Quien tiene un *para qué*, puede encontrar el *porqué* de su existencia".

Es cierto, en las incertidumbres del mar embravecido de nuestra sociedad contemporánea, tener un futuro y una esperanza, poseer una fe que nos arraiga, nos hace mirar más allá de los escombros, nos privilegia con el regalo sin precio de una "zanahoria", que para los creyentes se personifica en Jesucristo como el hijo deseado del Padre: *"Cristo en vosotros, la esperanza de gloria".*[54]

> CUANDO SE TIENE UN SENTIDO DE VIDA, UN "PARA QUÉ", SURGE LA CAPACIDAD Y FUERZA INTERIOR PARA VENCER OBSTÁCULOS, PARA ENFRENTAR LOS RETOS QUE LA VIDA PLANTEA. "QUIEN TIENE UN *PARA QUÉ*, PUEDE ENCONTRAR EL *PORQUÉ* DE SU EXISTENCIA".

¿HAY VIDA MÁS ALLÁ DE LA VIDA? *MEMORIAS DE UN SUPERVIVIENTE*

Desde la noche de los tiempos, la búsqueda de la inmortalidad ha estado presente en los anhelos de toda la humanidad. La leyenda de "la piedra filosofal" alimentó por siglos la búsqueda de esa poción sobrenatural y legendaria a la que se le atribuía la capacidad de convertir los metales en oro, pero sobre todo la capacidad de producir "el elixir de la vida", otra suerte de pócima misteriosa que garantizaba la vida eterna. Estas búsquedas de la riqueza y la inmortalidad fueron las metas perseguidas por muchos alquimistas de todas las culturas, en una investigación incesante de un remedio que curara todas las enfermedades y prolongara la vida

---

54. Col. 1:27

eternamente. Todas estas historias, mitos y relatos fueron fraguando la leyenda de la piedra filosofal y la inmortalidad.

Hoy en la Aldea Global nos ocurre lo mismo. Seguimos navegando entre la piedra filosofal de la antigüedad y el transhumanismo actual, que pretende trascender las limitaciones biológicas para alargar la vida más allá de lo naturalmente posible hacia una condición poshumana, donde se funde lo biológico con lo tecnológico. El anhelo de inmortalidad es en realidad el anhelo universal de mirar más allá de la realidad, buscando lo eterno y trascendente. Lo cual nos lleva a la gran pregunta de siempre: ¿Hay vida más allá de la vida? Te cuento otra historia...

A finales del siglo pasado en Berlín todos los parques cerraban a la misma hora con rigor germánico. Al anochecer de un hermoso día de agosto, el guardián iba a cerrar la última puerta del "Tiergarten" cuando se fijó en una sombra sospechosa. ¿Qué podría ser? Acercándose, se dio cuenta de que era un hombre de mediana edad. "Quizá sea un vagabundo que espera el cierre del parque para dormir aquí, lo cual está prohibido", pensó el celoso guardián mientras se acercaba malhumorado: "Eh, oiga... ¿Qué hace usted aquí?". Profundamente absorto en sus pensamientos, el presunto vagabundo tardó en reaccionar. Así que alzando la voz, el guardián le volvió a preguntar: "*¿Quién es usted? ¿Qué hace aquí? ¿A dónde va?*".

Resulta que aquel hombre era nada menos que el gran filósofo Friedrich Nietzsche, autor de libros como "El Anticristo" y de la teoría del superhombre. Absorto en sus pensamientos, no se había dado cuenta del cierre del parque, y mirando con pesar al guardián le respondió: "Hace más de treinta años que me hago esas mismas preguntas, y hasta ahora nadie ha podido darme una respuesta que me satisfaga. ¿Podría usted hacerlo?". Boquiabierto, el guardián tampoco supo cómo contestar a esas preguntas...

¿Y tú? Sí... tú, querido lector. ¿Tienes respuesta a esas preguntas? ¿Sabes de dónde venimos y cuál es el papel que desempeñamos en esta tierra? ¿De verdad crees que el mundo es producto de una casualidad cósmica, de una explosión inicial? Como seres humanos, ¿dónde crees que iremos después de esta vida? Bueno, repito, son las viejas y recurrentes preguntas de siempre, pero aun el propio Nietzsche, que proclamó la muerte de Dios, reconocía la necesidad universal de creencia y esperanza cuando dijo: "*Un nihilista es alguien que prefiere creer en la nada, antes que creer en nada*".

Esa necesidad de creer en algo, de tener una verdad sólida con la cual esperanzarnos, ese anhelo de trascendencia que es legítimo en su planteamiento de base, ha sido utilizado por múltiples religiones, sectas y filosofías en la búsqueda de la verdad y la vida eterna. Por eso la historia de la humanidad y su desarrollo nace ligada al fenómeno de las religiones y cultos trascendentales. El hecho misterioso de la muerte, lo trascendente, la conexión con algo superior, crea un terreno común que promueve todo tipo de relatos, filosofías y creencias en busca de la vida más allá de la vida. Entonces, y ante tanta oferta, ¿qué camino tomar? ¿Qué verdad abrazar? ¿Qué ruta existencial seguir?

Quiero decirte que en mi búsqueda de peregrino por este mundo volátil, he encontrado mi creencia, mi Verdad, mi ruta espiritual, mi historia mejor. He encontrado, buscando el mapa de mi vida, la respuesta a esas preguntas existenciales, y después de navegar por los mares de este mundo, he llegado a la conclusión de que la verdadera libertad no está en la mencionada soberanía del individuo, pues en realidad la auténtica soberanía del individuo es someter su libre albedrío a una causa, a una Verdad Absoluta que otorgue sentido a nuestra existencia: "sin creencia no hay existencia". Y después de esta vida, sí... creo en otra vida, es decir que hay vida después de la vida, se llama cielo. Es mi certeza, la verdad que creo. Otra ancla más que yo abrazo por fe.

> **QUIERO DECIRTE QUE EN MI BÚSQUEDA DE PEREGRINO POR ESTE MUNDO VOLÁTIL, HE ENCONTRADO MI CREENCIA, MI VERDAD, MI RUTA ESPIRITUAL, MI HISTORIA MEJOR. HE ENCONTRADO, BUSCANDO EL MAPA DE MI VIDA, LA RESPUESTA A ESAS PREGUNTAS EXISTENCIALES.**

Don Piper en su libro "90 minutos en el cielo", cuenta con asombroso detalle su experiencia del más allá. Cuando regresaba en su automóvil de una convención de iglesias bautistas en el Sur de Estados Unidos, llovía torrencialmente y la noche era oscura. Al atravesar un puente las luces deslumbrantes de otro vehículo le cegaron la vista y lo siguiente fue un ruido ensordecedor seguido de un silencio absoluto. Don narra cómo se veía saliendo de su cuerpo, y como un dron que va ascendiendo en el cielo, observaba cómo todo se iba haciendo más pequeño: el puente, las luces del pueblo, la comarca... hasta que llega a las puertas del cielo. Allí lo estaban esperando todas aquellas personas cristianas de su círculo de amistades y familiares, con vestiduras blancas y serenas sonrisas.

Al entrar por las calles de oro de la Nueva Jerusalén[55] comenzó a escuchar cánticos y alabanzas en todos los idiomas conocidos, y por una misteriosa razón los entendía todos. Cuando ascendía por las calles doradas dirigiéndose hacia el trono de Dios, una corriente de aire le golpeó el rostro con suavidad, era producida por el aleteo de las alas de los Arcángeles que tras el trono divino le dan gloria y honra. A punto ya de doblar el recodo que le conducía a la misma presencia de Dios... un pitido discontinuo le devolvió a la realidad de una cama de hospital llena de monitores, tubos y sondas conectadas a su cuerpo. Don Piper había vuelto a esta vida...

Cuando era un jovencito allá en mi tierra natal, recuerdo asistir a un funeral donde el sacerdote pronunció unas palabras que

55. Ver Apocalipsis 21:2

me llevaron a muchas reflexiones: *"la vida es una preparación para la muerte, y la muerte es nacer a la verdadera vida"*. Posteriormente, y desde mi experiencia vital, pude comprobar y experimentar la veracidad de esas palabras. Reiteramos: sin esperanza no hay vida, todo pierde sentido y se desvanecen nuestras fuerzas para luchar. Como ya hemos mencionado, nuestra esperanza es Cristo, Él es nuestra firme seguridad en el mar embravecido. Es cierto, necesitamos la esperanza como ese estado de ánimo que surge cuando se presenta como alcanzable aquello que se desea y anhela, conectándonos así con la virtud de la FE, que no es sino "la certeza de lo que se espera, la convicción de lo que no se ve".[56] *"Esta esperanza es como un **ancla** firme y segura, que penetra hasta la presencia misma de Dios".*[57]

EL ANCLA DE LA ESPERANZA.
PRINCIPIO DE VIDA:
UN FUTURO Y UN PUERTO SEGURO AL QUE LLEGAR

---

56. Hebreos 11:1
57. Hebreos Ver 6:19

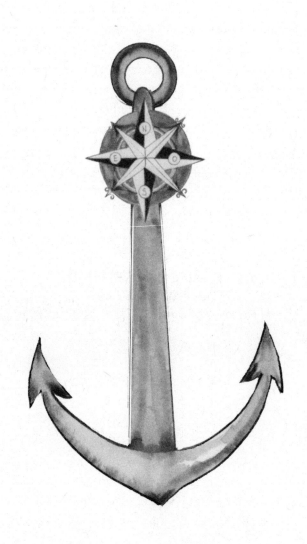

4. EL ANCLA DE LA VERDAD. *LA VERDAD OS HARÁ LIBRES*

CARTOGRAFÍA DE LA VERDAD: UNA RUTA DISEÑADA

En una de las varias ocasiones que viajamos a California, concretamente a Los Ángeles, nos acercamos al muelle en la playa de Santa Mónica, donde finaliza la mítica Ruta 66. Se trata de una ruta que transcurre a lo largo de casi 4000 km, cruzando el país desde Chicago a Los Ángeles; y que forma parte de las carreteras federales originales de Estados Unidos, aquellas que miles de inmigrantes cruzaron para llegar al oeste, en busca de una vida mejor. Actualmente se ha convertido en todo un fenómeno turístico, y para algunos hasta en una ruta espiritual que convoca cada año a miles de personas, de los cuales los mas puristas de la tradición, la realizan a lomos de las clásicas y también míticas Harley Davidson. Bueno... ¡siempre soñé hacer esa ruta!

Hace un par de años pasé por un periodo de cierto estrés y agotamiento que me exigió bajar un poco el ritmo y aprender a disfrutar tiempos de descanso. Es ahí donde se cumple mi sueño, pero a pequeña escala. Siento la necesidad de un viaje en solitario para pensar en mí mismo y tomarme un respiro, lo hablo con mi esposa, y poco después inicio mi "camino espiritual": un recorrido por la Ruta de la Plata, antigua calzada romana para el transporte de mercancías. Se trata de una autopista que discurre por el oeste de la Península Ibérica, y cruza España desde el sur hacia el norte, hacia Asturias, mi patria chica, mis orígenes. Los 2000 km a lomos de mi Indian Scout me hicieron sentirme vivo y en contacto directo conmigo mismo y el entorno, se trataba de tener un camino para llegar a un destino.

Asimismo, el Camino de Santiago, también en España, se ha convertido en destino internacional de miles de viajeros. Se trata de un conjunto de rutas de peregrinación cristiana de origen medieval, con destino final en la catedral de la ciudad de Santiago de Compostela, pues según la leyenda popular, allí está la tumba del apóstol Santiago.

> **NO SE TRATA DE SIMPLES VIAJES, ENTRAN EN JUEGO NECESIDADES UNIVERSALES SOBRE EL SENTIDO DE LA EXISTENCIA, EL VIAJE DE LA VIDA, EL MAPA QUE NOS LLEVA A UN RUMBO DETERMINADO, A UNA RUTA DISEÑADA QUE CONTIENE TODOS LOS ELEMENTOS NECESARIOS: "UN PEREGRINO, UN CAMINO, UN DESTINO".**

Todos estos caminos en realidad confluyen en las mismas necesidades esenciales. En la travesía de nuestra vida, la Biblia es como nuestra Cartografía Sagrada que se compone de las Anclas, que nos aseguran a la Verdad, y de la Rosa de los Vientos que nos guía hacia la eternidad. No se trata de simples viajes, entran en juego necesidades universales sobre el sentido de la existencia, el viaje de la vida, el mapa que nos lleva a un rumbo determinado, a una ruta diseñada que contiene todos los elementos necesarios: "un peregrino, un camino, un destino".

Cuenta una vieja parábola hindú que en una ocasión varios hombres ciegos estuvieron un rato palpando y acariciando a un elefante. El hombre que tocó el colmillo dijo que el elefante era liso y duro. El que acarició la cola respondió que el elefante era delgado y peludo. El que le tocó la oreja creía que era un animal blando y flexible. El que pasó la mano sobre la piel del elefante dijo que era duro y rugoso como barro seco. Cada uno de estos hombres estaba sometido a una comprensión limitada sobre lo que estaban evaluando. Debido a su ignorancia de la verdad completa, cada ciego asumía que todo el elefante encajaba en su descripción limitada y particular. Cada religión, creencia o filosofía espiritual, tiene un conocimiento limitado y personal de la verdad absoluta que sería el elefante completo. Las miles de religiones, filosofías y creencias trascendentales, se nutren de una supuesta verdad o de un trozo de una verdad absoluta. Unas enfatizan una parte creyendo en un Dios duro e inflexible, otras creen en un Dios blando y paternalista, y otras simplemente utilizan una parte de la verdad para sus propios fines y lucro personal.

Mitos, tradiciones, filosofías, leyendas, relatos mitopoéticos, etc., vistos desde el plano espiritual, son desde mi humilde perspectiva, estériles intentos de emular el verdadero relato y la verdadera leyenda hecha realidad: el relato bíblico que revela el auténtico origen y significado de todo lo creado. Reiteramos lo ya mencionado, la Biblia no es un relato histórico sino prehistórico, no pretende explicar cómo se creó el mundo sino para qué se creó, no es un mito sino un antimito que desmitifica los relatos politeístas de la creación en toda cultura extrabíblica.

Todas estas creencias comparten un mismo punto en común: solo poseen una parte de la verdad, pero ninguna es la Verdad como concepto absoluto. Como cristiano respeto, pero no comparto el sincretismo religioso, sin embargo, detengámonos un momento... ¿Hay una verdad absoluta? ¿Hay una verdad suprema, excluyente y única? Sí, yo así lo vivo, así lo creo. Yo he encontrado la piedra filosofal y el elixir de la vida. Te lo voy contando...

LA INCREÍBLE BIBLIOTECA DE ALEJANDRÍA

Desde mi experiencia como cristiano, la verdad está representada por la Biblia como la Palabra de Dios para la humanidad. Retomando la leyenda de la isla de Faro, queda otra interesante historia por contar. En realidad este es el misterio que nos quedaba por desvelar. La ciudad de Alejandría poseía una famosa biblioteca que llegó a ser la depositaria de las copias de todos los libros del mundo antiguo. Fue una de las bibliotecas más importantes y prestigiosas y uno de los mayores centros de difusión del conocimiento de la Antigüedad, todo un verdadero templo dedicado al saber. Las obras allí contenidas se confeccionaban con los materiales de la época, unas en rollos de papiro o pergamino, que es lo que se llamaba "volúmenes", otras en hojas cortadas en forma rectangular, que formaban lo que se denominaba como "tomos". Era un auténtico trabajo de ingeniería artesanal pues las obras se hacían a mano, copiando minuciosamente de las obras originales, formando así "ediciones", que eran muy apreciadas y costosas, verdaderos tesoros del saber universal.

El responsable de la biblioteca se dio cuenta de que faltaba un libro muy importante. Entonces, en audiencia privada con el rey, le pidió que obtuviera por medios diplomáticos de la ciudad de Jerusalén, el libro de la Ley judía, la Torah, es decir los cinco primeros libros del Antiguo Testamento. Es así que el rey ordena, con la aprobación de Jerusalén, que la Ley Judía sea traducida y agregada a la colección real de libros. Para ello las autoridades eclesiásticas de Jerusalén eligen cuidadosamente a 6 sabios del pueblo judío, 6 de cada una de las 12 tribus de Israel, en total 72 sabios a los que se encargó la traducción al griego del antiguo texto hebreo. Aquellos sabios fueron convocados en la isla de Faro, y durante varios meses se dedicaron a elaborar la primera traducción de los originales hebreo y arameo al griego, obra a la que finalmente llamaron la Septuaginta LXX en honor a los 70 sabios[58] que la tradujeron.

El simbolismo de este relato histórico es muy relevante. ¿Recuerdas las inscripciones en yeso y mármol del arquitecto? El faro símbolo de luz y guía representa la verdad, la firma en la frágil placa de yeso con la que el rey Ptolomeo II intentó suplantar la verdadera autoría de la torre, representa las falacias, la intoxicación informativa, mentiras y tergiversaciones que pretenden suplantar al verdadero artífice de la obra. La mentira es como

---

58. Cifra que redondearon de 72 a 70

el yeso, se diluye fácilmente, mientras que la verdad es como el mármol que permanece a lo largo de las edades. En la historia de la isla de Faro y la biblioteca de Alejandría se confirma la eterna pugna entre el bien y el mal, la verdad y la mentira como conceptos absolutos. El Faro es la luz donde se tradujeron las verdades de la Palabra de Dios selladas en mármol, y que pretenden ser tergiversadas por frágiles placas de yeso en medio del sincretismo y la pancreencia de nuestros tiempos. Pero la verdad prevalece: *"La hierba se seca, la flor se cae, mas la Palabra del Dios nuestro permanece para siempre"*.[59]

Esta verdad que proclamamos como concepto absoluto es en realidad mucho más que un concepto, es decir, la verdad no es un concepto, es una persona. Los cristianos al creer en la verdad no abrazamos una idea, valor o sistema de creencias, abrazamos a Jesucristo el Hijo de Dios encarnado, la Verdad vertida en la Biblia y personificada en Jesús. Por ello la Biblia es nuestra mejor carta de navegación, la auténtica cartografía que apunta en todo su contenido al único líder espiritual que se definió a sí mismo como la Verdad: *"Yo soy el camino, la verdad y la vida, nadie llega al Padre sino a través de mi"*.[60] Como venimos diciendo, en Él confluyen y se satisfacen todas las necesidades del peregrino de siempre y del moderno nómada actual: una verdad para abrazar, una ruta que seguir y una vida mejor a la cual llegar.

> **LOS CRISTIANOS AL CREER EN LA VERDAD NO ABRAZAMOS UNA IDEA, VALOR O SISTEMA DE CREENCIAS, ABRAZAMOS A JESUCRISTO EL HIJO DE DIOS ENCARNADO, LA VERDAD VERTIDA EN LA BIBLIA Y PERSONIFICADA EN JESÚS.**

59. Ver Isaías 40:8
60. Ver Juan 14:6

LA NEUROPLASTICIDAD CEREBRAL Y EL EXPEDIENTE ALFA

Marian Diamond fue una mujer excepcional, una neurocientífica de prestigio mundial que contribuyó a acabar de asentar la teoría de la plasticidad cerebral, es decir la capacidad que tiene el cerebro para producir nuevos sistemas neuronales en base al pensamiento mediante el cual lo alimentamos. Para sus investigaciones solicitó estudiar el cerebro de Albert Einstein para compararlo con el cerebro de una persona común. Marian, ya anciana y profesora emérita de la Universidad de California, daba sus clases magistrales acompañada de una caja redonda para sombreros. Después de ponerse unos guantes de látex, extraía de la caja un cerebro humano y proclamaba con entusiasmo que para ella "esa masa era la estructura mas magnífica del mundo". Las neuronas son células nerviosas especializadas en la recepción y transmisión de información, se comunican entre sí mediante conexiones llamadas sinapsis que acaban conformando redes neuronales, auténticas estructuras de pensamiento. Descubrió que bajo la influencia de los efectos de un entorno enriquecido de estímulos y pensamientos positivos, nuestro cerebro puede crecer y renovar sus conexiones neuronales.

Resumiendo, la neuroplasticidad también conocida como plasticidad cerebral, se refiere a la capacidad del cerebro para adaptarse y cambiar como resultado de la conducta y la experiencia. Las investigaciones más actuales revelan que el cerebro continúa creando nuevas conexiones neuronales y modificando las ya existentes con el propósito de adaptarse a nuevas experiencias, aprendiendo de la conducta y la reciente información para crear nuevos recuerdos, nuevos esquemas de pensamiento. Esto es importante a la hora de entender cómo el bombardeo de la constante intoxicación informativa puede acabar afectando poderosamente a nuestra salud emocional.

Nuestro pensamiento se configura en redes neuronales que se establecen en base a lo que pensamos. Cuando una persona cree que todo le sale mal, o bien se deja influenciar por las incertidumbres del mundo actual, en su cerebro se va configurando un esquema mental de pensamiento en base a lo negativo. Cuando esa persona persiste en este tipo de pensamiento, entonces esas redes neuronales se convierten en "redes neuronales preferentes" que contaminan todo nuestro ser. Cuando no se posee fortaleza emocional por las causas que sean, las incertidumbres del mundo complejo nos pueden ganar la partida y modificar nuestro estado de ánimo y nuestro esquema mental de pensamiento.

> CUANDO NO SE POSEE FORTALEZA EMOCIONAL POR LAS CAUSAS QUE SEAN, LAS INCERTIDUMBRES DEL MUNDO COMPLEJO NOS PUEDEN GANAR LA PARTIDA Y MODIFICAR NUESTRO ESTADO DE ÁNIMO Y NUESTRO ESQUEMA MENTAL DE PENSAMIENTO.

Nuestro buen amigo el psiquiatra Carlos Raimundo desarrolló en los años 80 una herramienta terapéutica de psicodrama para trabajar con las personas distintos problemas psicológicos, llamada El Juego de la Vida (*Play of Life*), con la que obtuvo prestigiosos premios internacionales. Una de sus técnicas denominada Los Pilares de la Vida se centra en buscar en el interior de la persona, no las experiencias traumáticas que suelen ser la causa de muchas terapias que van al pasado para sanar heridas, sino para recuperar de la memoria subconsciente vivencias, experiencias, recuerdos gratos que faciliten un acercamiento positivo a la vida buscando el agradecimiento al comprobar lo que tenemos, más que la queja al observar lo que nos falta. En palabras del Dr. Raimundo: "*Traer nuevamente nuestros pilares de vida a la memoria es evocar la luz, la felicidad, la fuerza, la belleza, el bienestar y la esperanza en la vida. Es identificar y disfrutar de "lo que es", "de lo que tenemos", y no centrarnos en la queja acerca de "lo que no es" o "lo que no tenemos"... los*

Pilares de Vida puede ser más que una técnica. Puede llegar a ser una experiencia de enriquecimiento permanente de vida".[61]

El Dr. Raimundo aparte de sus conocimientos de psiquiatría, neurociencia y del pensamiento positivo propio de la psicología humanista, basa sus premiadas y reconocidas técnicas en las enseñanzas recibidas por Francis A. Schaeffer, el estudio de la Logoterapia de Viktor Frankl, pero sobre todo del sabio y mucho más antiguo consejo bíblico que en el libro de Filipenses capítulo 4 nos anima a pensar en todo lo verdadero, lo bueno, noble y justo, para que así obtengamos la paz del alma: *"Todo lo que es verdadero, todo lo honesto, todo lo justo, todo lo puro, todo lo amable, todo lo que es de buen nombre, si hay virtud alguna, si algo digno de alabanza, en esto pensad y el Dios de paz estará con vosotros".*

Continuando con la Biblia, en el libro de Romanos —y hace prácticamente 2000 años— se nos sigue hablando de esto cuando dice *"cambia tu manera de pensar y cambiará tu manera de vivir".*[62] Igualmente el libro de los Salmos, mucho más antiguo todavía, nos menciona el vínculo entre la mente y el cuerpo, la salud inmunológica y las somatizaciones que ocurren cuando convertimos cualquier tipo de malestar emocional en síntoma físico, o bien cuando cuadros depresivos o ansiosos provocan el aumento de adrenalina, cortisol, glucosa, etc., a la par que un descenso en las defensas de nuestro sistema inmunológico, quedando así expuestos a una mayor posibilidad de enfermedades. En el contexto de la necesidad humana de confesar y expresar nuestros pensamientos angustiosos, se ve la conexión entre la mente y el cuerpo en esta sencilla pero profunda cita bíblica: *"Mientras callé, se envejecieron mis huesos en mi gemir todo el día".* Asimismo, en el sentido contrario, el libro de Proverbios dice *"el ánimo del hombre soportará su enfermedad".*[63]

61. Conferencia en Sevilla del psiquiatra Carlos Raimundo, 2012
62. Ver Romanos 12:1-3
63. Salmo 32:3 y Proverbios 18:14

Por todo ello los descubrimientos de la ciencia en cuanto al funcionamiento del cerebro y sus consecuencias en el resto del cuerpo, no hacen sino corroborar la creación del mundo bajo el diseño inteligente de un Dios de amor. La ciencia en sus grandes descubrimientos no inventa, solo descubre en este caso las maravillas del ser humano en su biología y psicología, obra del Dios creador de todas las cosas.

Hace un tiempo visitamos en el norte de África a unos amigos de una misión cristiana. Como se trataba de un país musulmán estaba prohibida la práctica del cristianismo, por lo que determinadas palabras como "misionero", "Iglesia" o "Biblia" estaban prohibidas y había que sustituirlas. La familia había tenido una reunión para concretar y memorizar los nuevos nombres, de tal manera que a la iglesia le decían "el Cuerpo", a misionero le decían "enviado", y a la Biblia cuando le iban a decir "el libro", la hija pequeña, fruto de la lectura de un cómic, se le ocurrió proponer como nombre "el Expediente ALFA". No acabaron poniéndole ese nombre por ser un poco largo, pero a todos nos gustó pues "expediente" nos habla de un documento importante, y la palabra "ALFA", como primera letra del abecedario griego, se utiliza normalmente para destacar la primacía o liderazgo de algo o alguien. Pero aun diremos más, en el libro del Apocalipsis Dios dice *"yo soy el ALFA y la Omega, el principio y el fin"*. Así la Biblia no deja de ser el primer documento, el documento líder, el Expediente ALFA.

De forma que este primer documento, esta verdadera carta de navegación, es como nuestro GPS particular que nos fue otorgado para guiarnos y alentarnos en un mundo volátil e incierto. En ella está resumida la historia de la vida, los orígenes y el inicio de la civilización, y su desarrollo a lo largo de los tiempos. Pero sobre todo narra la historia de la Verdad, personificada en Jesús, donde su ejemplo, su vida y milagros su lectura y meditación es fuente de inspiración cuando a través de los ojos de la fe, se nos revelan todos sus tesoros de profunda sabiduría.

LA ENSEÑANZA QUE DIOS ME HIZO COMPRENDER ES QUE AL IGUAL QUE EL MIRLO, YO DEBÍA ACUDIR CADA MAÑANA A LA REFLEXIÓN DE SU PALABRA PARA OÍR SU VOZ PRIMERO ANTES QUE OTRAS VOCES Y QUEHACERES DEL DÍA, AHOGARAN SU "SILBO APACIBLE Y DELICADO"

Hace años mi esposa María del Mar me animó a subir a uno de nuestros naranjos para recoger las pocas naranjas que quedaban en la copa del árbol. Al subirme, y entre la encrucijada de varias ramas, observé un nido de pájaro perfectamente hecho y con tres huevos en su interior. Caí en la cuenta que desde hacía bastantes días una pareja de mirlos revoloteaba continuamente por nuestro pequeño jardín. Interesado por este tipo de aves me puse a investigar, y descubrí que el mirlo es el primer pájaro que canta antes de que amanezca. En realidad el canto del mirlo no es especialmente potente ni atractivo, y entonces descubrí por qué es el primero en cantar. Cuando amanece todos los pájaros al unísono comienzan a entonar ruidosamente sus melodías y ahogan el débil canto del mirlo, entonces para que eso no ocurra, para que otras voces no ahoguen la suya propia, él canta primero.

Cuando yo descubrí esta historia, el Dios de la Palabra habló a mi vida. No se trataba de una voz audible, sino de una fuerte impresión, una seguridad sobrenatural en mi conciencia sobre cómo lo tenía que aplicar a mi propia vida. La enseñanza que Dios me hizo comprender es que al igual que el mirlo, yo debía acudir cada mañana a la reflexión de su Palabra para oír su voz primero antes que otras voces y quehaceres del día, ahogaran su "silbo apacible y delicado".[64] La meditación de la Palabra, su lectura sosegada y la fortaleza interior que provoca su pensamiento, nos trae la paz que tanto necesitamos en un mundo hostil y convulso. Cuando nos alimentamos de la Palabra de Dios, sus nutrientes espirituales benefician nuestra alma: *"fueron halladas tus palabras, y yo las comí; y tu palabra me fue por gozo y por alegría de mi corazón"*.[65]

Asimismo, cuando las certezas de la Palabra de Dios, el auténtico Expediente ALFA, impregnan nuestra mente y pensamiento con la verdad, la justicia, la misericordia, el dominio propio, la paz, el amor... en definitiva la cultura de la Verdad se establece en nuestra mente a través de rutas cerebrales y esquemas preferentes de pensamiento que acaban configurando nuestro estilo de vida. Esto se traduce en vidas estables con seguridad y esperanza, como auténticas y sólidas anclas, sin miedos que nos gobiernen y, por lo tanto, en la verdadera libertad, aquella libertad de la cual Jesús nos dijo: *"Y conoceréis la verdad, y la verdad os hará libres"*.[66]

EL ANCLA DE LA VERDAD.
PRINCIPIO DE VIDA:
UN HÉROE AL QUE IMITAR Y UNA CAUSA POR LA QUE VIVIR Y MORIR.

---

64. Forma poética de describir la presencia de Dios en una situación descrita en el libro de 1 Reyes 19:12
65. Jeremías 15:16
66. Juan 8:32

5. EL ANCLA DEL AMOR. *EL ELIXIR DE LA FELICIDAD*

LA PARÁBOLA DEL DESIERTO Y LA SAL

Cuenta la leyenda que en lo profundo de un desierto seco e inhóspito habitaba un pueblo indio, uno de cuyos tesoros más preciados era la sal, necesaria para conservar los alimentos y evitar que la carne se pudriera. Un día alguien robó la reserva de sal, lo que constituía un delito muy grave ya que condenaba al poblado a la peligrosa subsistencia del alimento diario. A la mañana siguiente el jefe indio convocó una reunión para informar que se registrarían todas las tiendas, y en aquella donde encontraran la sal, su propietario recibiría 50 azotes como castigo público. Pasada apenas una hora se encontró la bolsa de la sal, pero se encontró en la tienda de la madre del jefe, una mujer anciana y enferma.

La estaca en medio del poblado estaba lista, el látigo preparado. Todos estaban presentes, expectantes por ver lo que ocurriría. Entonces arrastran a la pobre mujer que llorando implora clemencia, la atan al madero y le descubren la espalda para que reciba el castigo. El jefe indio látigo en mano e imperturbable se acerca hasta su propia madre. ¿Sería capaz de cumplir su palabra sabiendo que su madre nunca resistiría el castigo impuesto? De pronto el jefe indio, descubriendo su propia espalda, se acerca a su madre y la cubre, protegiendo su débil cuerpo con el suyo, mientras que le pasa el látigo a uno de sus hombres mientras le dice: "ya puedes empezar".

Volvemos a la neurocientífica Marian Diamond pues siguió investigando, y aparte de contribuir a afianzar la realidad de la plasticidad cerebral, describió cinco factores que son importantes para un cerebro saludable: dieta, ejercicio, desafío, novedad y amor. Sí, AMOR, y es que sin lugar a dudas estamos convencidos de que esta es el ancla más importante, y quizá por eso también la palabra más difícil de explicar. ¿Qué es amor?

Mucho es lo que se ha escrito, hablado, recitado y cantado sobre el amor. Difícilmente una palabra que implica y abarca tanto, la podemos encuadrar bajo una definición y explicar con palabras, pues lo infinito no se puede contener. Cada persona tiene su propio concepto y definición del amor, lo vive, lo siente y lo expresa a su manera. ¿Debe ser el amor algo personal y sujeto a la vivencia de cada persona? Seguramente que bajo los parámetros de este mundo volátil, sí sea lo más acorde con la visión autónoma y egoísta que se quiere potenciar en el ser humano. Para los creyentes, desde luego, no es así, pero creemos que en cualquier caso —y tanto para cristianos como para humanistas—, el amor es como esa fuerza interior y universal que hace que la existencia del ser humano tenga sentido.

> **LA NEUROCIENTÍFICA MARIAN DIAMOND, APARTE DE CONTRIBUIR A AFIANZAR LA REALIDAD DE LA PLASTICIDAD CEREBRAL, DESCRIBIÓ CINCO FACTORES QUE SON IMPORTANTES PARA UN CEREBRO SALUDABLE: DIETA, EJERCICIO, DESAFÍO, NOVEDAD Y AMOR.**

Sería pretencioso por nuestra parte ofrecer una definición del amor, pero sí que queremos hacer un acercamiento a esta palabra para que ello nos ayude a entender la magnitud de su significado. David Solá en su libro "Amar es más sencillo" escribe: *"Aunque existen infinidad de definiciones del amor, nadie ha podido explicar exactamente qué es el amor. El amor puede manifestarse, describirse y experimentarse, pero probablemente nunca explicarse. Si alguien lo hiciera, sería tanto como explicar la naturaleza de Dios mismo, Dios es amor, y esto sí que escaparía de la capacidad de comprensión del ser humano".*[67]

---

67. Sola, David, *"Amar es más sencillo"*, DSM 2006 p. 55

De hecho, la única definición "de altura" que podemos encontrar es la que emana de las propias palabras de Dios en la Epístola a los Corintios: *"El amor es sufrido, es benigno; el amor no tiene envidia, el amor no es jactancioso, no se envanece; no hace nada indebido, no busca lo suyo, no se irrita, no guarda rencor; no se goza de la injusticia, mas se goza de la verdad. Todo lo sufre, todo lo cree, todo lo espera, todo lo soporta, el amor nunca deja de ser..."*.

La historia que acabamos de contar resalta la importancia del amor como motor universal del ser humano. El jefe indio cumplió su palabra de castigar al culpable, pero por AMOR se puso en su lugar recibiendo sobre sí mismo el castigo impuesto. Pero, sin duda, el relato histórico que refleja la profundidad del amor es la historia del Dios Padre, quien observa cómo el mundo que Él creó se olvida de la ética divina, y siguiendo sus propios caminos entra en una espiral de maldad y confusión derivada del pecado, pues pecado no es otra cosa que la transgresión voluntaria y consciente de la ley divina.

Cuando se rompen las leyes divinas y las naturales marcadas por un mismo orden, todo entra en caos, como hemos descrito en la primera parte del libro. Las leyes rigen y dan estabilidad al ser humano, pues lo "obligan" a conducirse en un marco ético que garantice orden social y moral. La Biblia establece que la consecuencia del pecado, la transgresión, es la muerte, pero la Palabra mantiene un principio inquebrantable que combina justicia y misericordia. Este principio emana de un Dios que ama a su creación y anhela que todos participen de la salvación del alma y la vida eterna. Lo mismo que hizo el jefe indio para cumplir la ley, salvando las enormes distancias, lo hizo Dios para salvarte a ti de una vida vacía y sin propósito, Jesús murió en una cruz para cumplir las exigencias de la ley y ofrecernos como regalo la posibilidad de la vida eterna, el único requisito es creer y tener fe en la Verdad, es decir en Jesús de Nazaret.

A través de su sacrificio nos hizo libres, nos dio la identidad de hijos y nos concedió la herencia que nos introduce en la familia de Dios, haciéndonos vivir una vida con propósito, no exenta de dificultades, pero con la esperanza y la certeza de que en un futuro cercano nos está reservada una vida mejor, una vida donde el dolor y la muerte no existirán, donde todos seremos hermanos, hijos de un mismo Padre, donde la paz y la felicidad serán eternas. ¿No te parece algo extraordinario? ¿O quizá pienses que es demasiado bueno para ser verdad? Hagamos algo, si no lo crees, haz el esfuerzo de imaginarte que fuera cierto, que fuera verdad... ¿te imaginas una historia mejor?

LA MAYOR HISTORIA JAMÁS CONTADA

Bien, pero volvamos al presente, al aquí y al ahora. La historia de las civilizaciones hunde sus enigmas en la noche de los tiempos buscando las eternas respuestas al origen de la vida y al misterio del más allá. Todos los mitos y leyendas ancestrales a los que Carl Jung denomina "*inconsciente colectivo*", provienen de una fuente común que antecede a los relatos históricos y a las leyendas. Se trata de la Palabra de Dios revelada. La Biblia, que en su primer libro, el Libro de los Orígenes, nos conduce a la auténtica narrativa, a una historia mejor donde nos descubre el auténtico relato prehistórico, que como ya hemos visto, no es un mito, sino un antimito que supera todos los relatos politeístas y mitopoéticos sobre el origen de la creación, y del propio ser humano.

Por eso, y frente a un mundo volátil e impredecible que carece de seguridades y donde todo es fugaz y pasajero, la Biblia se nos revela con naturaleza de eternidad. No se trata de un libro antiguo y anacrónico como nos pretenden hacer creer, tampoco es un libro moderno que responda a las exigencias de los tiempos actuales. En realidad no es un libro antiguo ni moderno, es simplemente un libro ETERNO, y por lo tanto contiene principios de vida que son normativos para toda época y edad, no pudiendo ser cambiados ni tergiversados a tenor de políticas, filosofías o relatos de turno. *"La hierba se seca y la flor se cae, mas la palabra del Dios nuestro permanece para siempre".*[68] En su interior se revelan todos los enigmas de la antigüedad y todas las preguntas contemporáneas. Su lectura y meditación nos lleva al puerto anhelado: *"Entonces clamaron al Señor en su angustia y los libró de todas sus aflicciones, cambió la tempestad en sosiego y se apaciguaron sus ondas, luego se alegraron porque se calmaron, y así los guio al puerto que deseaban".*[69]

> **FRENTE A UN MUNDO VOLÁTIL E IMPREDECIBLE QUE CARECE DE SEGURIDADES Y DONDE TODO ES FUGAZ Y PASAJERO, LA BIBLIA SE NOS REVELA CON NATURALEZA DE ETERNIDAD.**

Cuenta la narrativa bíblica que antes de la creación del mundo y en la noche de los tiempos, Lucifer, un ser angelical de alto rango, debido a su orgullo anidó en su interior la pretensión de ser igual a Dios, por lo que fue expulsado del cielo y sus privilegios, arrastrando a una gran parte de ángeles fieles a su maligna causa, y provocando así una rebelión cuyas consecuencias finales son la existencia del sufrimiento, la maldad y la muerte en el mundo.[70] Es por ello que Lucifer, cuyo nombre fue cambiado a Satanás, se convirtió en ángel caído y príncipe de las tinieblas, siendo considerado desde entonces como el ideólogo del MAL y padre de mentira en oposición a la VERDAD encarnada en Jesús de Nazaret. Desde entonces, y como ya hemos mencionado, esta dicotomía entre la verdad y la mentira, entre el bien y el mal, ha alimentado relatos,

---

68. Ver Isaías 40:8
69. Ver Salmo 107:28-30
70. Para ser exactos, la existencia del dolor y la muerte vienen como consecuencia del engaño de Satanás a Adán y Eva, que provocó la desobediencia, la llegada del pecado y la expulsión del Jardín del Edén.

leyendas, historias épicas de batallas y conquistas a lo largo de todos los tiempos.

Cuenta la narrativa bíblica que desde las esferas celestiales, y dominando todo el universo, Dios contempló la rebelión de parte de su ejército celestial, observó la maldad del ser humano, de sus hijos creados a su propia imagen, y sufriendo por la dureza de sus corazones, los amó hasta el final tomando una decisión que desgarró su alma. Jesús, el hijo de Dios, el enviado del Padre, fue transportado a la tierra con la misión de derrotar a las fuerzas del mal y establecer su Reino de paz.

Su venida a este mundo ejemplificó los valores a los que debe aspirar cada ser humano. Fue un hombre que cambió el rumbo de la historia y nos dio una esperanza por la que vivir, luchar y amar. Nació en un establo entre el estiércol de los animales y el frío de la noche, vivió como apátrida, siendo rechazado por los suyos y sin domicilio fijo. Dio su tiempo, su energía, su propia vida, por una causa suprema, aceptando la responsabilidad, el reto y la humillación de una vida terrenal llena de rechazos, incomprensiones y traiciones. Por el ejemplo de su vida, sus enseñanzas, pero sobre todo por su sacrificio en la cruz, nos abrió la puerta a la familia de Dios. Entonces, dejamos de ser *huérfanos* a la intemperie y pasamos a ser *hijos* con una herencia. Su vida aún sigue marcando el rumbo de la historia. Sí, su nombre es Jesús de Nazaret.

JESÚS, EL HIJO DE DIOS, EL ENVIADO DEL PADRE, FUE TRANSPORTADO A LA TIERRA CON LA MISIÓN DE DERROTAR A LAS FUERZAS DEL MAL Y ESTABLECER SU REINO DE PAZ.

Por ello, el mensaje principal de este libro extraordinario que es la Biblia, es el de mostrarnos al Enviado, al hijo de Dios encarnado y hecho hombre. Todos los relatos del Antiguo Testamento apuntan a su nacimiento e historia. El propio Jesús, al abandonar su posición en los cielos a la diestra del Padre, representa al hijo modélico, verdadero arquetipo del ser humano integral que se hizo "carne" tomando forma de hombre, pero con los atributos de la perfección. Dios el Hijo, verdadero Dios hecho verdadero hombre. De Él va esta historia, de él habla el Expediente Alfa.

En los años setenta, fruto de la teología de la liberación latinoamericana y de una interpretación marxista de las palabras de Jesús contra la explotación y las injusticias del mundo, un póster adornaba la pared de la habitación de muchos jóvenes de la época. El afiche, a manera de los populares carteles "se busca", propios del salvaje oeste americano, decía lo siguiente:

SE BUSCA

RECOMPENSA: LA ETERNIDAD

Jesús de Nazaret, galileo, 33 años, tez morena, barba y cabellos al estilo hippy, cicatrices en las manos y los pies, cabeza, espalda y pecho.

Se acompaña de leprosos, mendigos, perseguidos, y una banda de doce incondicionales.

Escandaliza a las masas con frases tan revolucionarias como

"Amaos los unos a los otros"

y "Perdonad a vuestros enemigos".

Si lo encuentras...

sigue sus huellas.

Jesús de Nazaret, encarna los valores del perfecto ser humano: sincero, veraz, puro, sensible, con autoridad y resolución, que irradia autenticidad y despierta fascinación y expectativas. Es el Enviado del Padre que a nadie deja indiferente y que, por cierto, la única vez que menciona un "aprended de mí" no es para exaltar su perfección y origen divino, sino para bajar a nuestro terreno y decir: *"aprended de mí que soy manso y humilde de corazón".*[71] Jesús es el modelo del verdadero arquetipo de hombre/mujer, y como tal inaugura un nuevo paradigma que será imitado a lo largo de toda la historia en fábulas, relatos y leyendas. Ese paradigma universal es el de héroe-salvador, pues todos necesitamos héroes, modelos a los cuales imitar y huellas a las que seguir. Él es *"el camino, la verdad, y la vida",*[72] búscalo, encuéntralo y, sobre todo, sigue sus huellas...

Por ello, la Teoría de las Anclas nos provee claves para una vida con propósito, vínculos sólidos en medio de una sociedad líquida. Esto no es una fábula, es un relato coherente y con sentido, una narrativa creíble que no pretende explicarse desde el campo de la ciencia o la razón, pero sí revelarse desde el campo de la fe y la esperanza. No es un mito, no es una leyenda, es la verdadera historia de la humanidad cuya tragedia solo encuentra consuelo, paz y esperanza en Jesús de Nazaret, como el héroe y libertador de toda la humanidad. *"Porque de tal manera amó Dios al mundo que ha dado a su hijo unigénito, para que todo aquel que en Él cree, no se pierda, mas tenga vida eterna".*[73] Esta es la historia de un hombre, Jesús de Nazaret, la mayor historia jamás contada...

DE COSECHA PROPIA: LA NOCHE MÁS LARGA

Bueno, en realidad todos tenemos una historia, un relato que contar de nuestra propia experiencia de vida. Sí, lo vuelvo a reiterar, yo

71. Mateo 11:29
72. Juan 14:6
73. Juan 3:16

encontré la piedra filosofal, la perla de gran precio, el tesoro escondido y el sentido a mi existencia. Esta es mi historia:

Yo nací en el norte, en una tierra muy hermosa llena de montañas, verdes valles, lluvia y niebla. Vivíamos al lado de la playa en un pequeño pueblo. Un pueblo seguramente como otro cualquiera, pero con una particularidad, era mi pueblo, y una parte crucial de mi vida hunde sus raíces en aquel lejano lugar del norte de España. Desde que tengo uso de razón el mar ha estado presente en mi vida, un mar bravío y rebelde. En las frías noches de invierno, cuando el viento rugía y la lluvia golpeaba los cristales, el bramido del mar se mezclaba con la sirena del faro de San Juan, mientras yo, arropado por las sábanas, imaginaba historias de naufragios y barcos fantasma.

Toda la familia vivíamos en la vieja casona familiar, y cuando digo "toda", me refiero a mis padres, mis tres hermanos, mi abuela, mi tía abuela, y mi bisabuela. Cada mañana "guelita" rompía el silencio con el ronroneo del molinillo de café, un café molido a mano y colado en manga, con un aroma como no lo he vuelto a sentir desde entonces, pero que aun asocio con mi infancia. Desde luego era otra época, pero después de más de 40 años y aun con todo el progreso, sigo añorando la tranquila cadencia de aquellos tiempos. La cocina de nuestra casa todavía era el hogar, allí mi abuela también, cada mañana, preparaba las piñas de pino, las astillas de madera y el carbón. Después, cuando la chapa se calentaba era como si cobrara vida, crujía y se arqueaba ligeramente, mientras el negro carbón se iba volviendo rojo. Por eso los recuerdos más tiernos de mi infancia están asociados a esos momentos cotidianos, vivencias, lugares, situaciones... todo ello es mi legado, forma parte del baúl de mis recuerdos, de mi historia personal, de un tiempo difícil; que sin duda contribuyó a que —guiado por la Rosa de los Vientos— finalmente acabase encontrando las anclas de mi vida y el propósito de mi existencia".

El final de los años setenta fue la última etapa de la filosofía *hippy*, "haz el amor y no la guerra", "el LSD y la marihuana te harán libres", etc. Todo ese ambiente de comunas y jóvenes viviendo "libertad" me embrujaba, y así fue como empecé a introducirme en el mundo de las drogas, era algo diferente y por aquel entonces todo iba disfrazado de una filosofía hedonista y a la vez contestataria que aún no había mostrado su faceta más dura. Por eso mis primeras experiencias con este ambiente no fueron consecuencia de una familia destrozada, o de la falta de futuro y motivaciones, no; mis primeras experiencias asociaban la droga con un estilo de vida, con la búsqueda de una historia mejor. Pero los sueños de "un mundo feliz" poco a poco se fueron disipando, y la droga comenzó a enseñarme su verdadero rostro, llegó la cocaína, la heroína, el LSD , fue como caer de repente en un pozo profundo, todo muy rápido...

> TODO ELLO ES MI LEGADO, FORMA PARTE DEL BAÚL DE MIS RECUERDOS, DE MI HISTORIA PERSONAL, DE UN TIEMPO DIFÍCIL; QUE SIN DUDA CONTRIBUYÓ A QUE —GUIADO POR LA ROSA DE LOS VIENTOS— FINALMENTE ACABASE ENCONTRANDO LAS ANCLAS DE MI VIDA Y EL PROPÓSITO DE MI EXISTENCIA.

Aquel joven desencantado y desorientado al que la vida había engañado, volvía a casa cada noche, su aspecto era de "duro" y su indumentaria agresiva, pero cuando se quitaba la cazadora de cuero y las botas, aparecía su verdadera identidad: era solo un muchacho asustado con una gran necesidad de amor y comprensión. Recuerdo noches donde la soledad se hacía tan real que casi podía tocarla, noches desesperadas de no creer que la vida fuese solo eso. A veces soñaba, y en mis sueños veía un valle hermoso donde todo estaba en orden, y yo en paz conmigo mismo, disfrutando... cuando me despertaba y comprobaba que mi realidad seguía siendo tener que mentir, tener que robar, tener que sufrir por llevar ese tipo de vida, entonces me echaba a llorar, mi situación era realmente desesperada. Fue una época oscura, ahora recordada con tristeza por los años perdidos, pero también con nostalgia pues no todo fue negativo, tuve la valentía de quitarme la cazadora de cuero y mirar al interior.

Fue en el verano del 88 cuando sucedió, ellos venían de un pequeño país del norte de Europa, y sin yo saberlo ellos iban a ser instrumentos usados por Dios para traer libertad a mi vida. Mis primos estudiaban teología, pero a mí no me convencía su discurso pues la idea que yo tenía de Cristo se mezclaba en mi mente con el ambiente tradicional cristiano en el que había crecido, me habían inculcado una imagen distorsionada, y asociaba todo lo referente a religión y a Cristo con prohibiciones y penitencias, con silencio y oscuridad, con olor a incienso y beatas de rosario. El Dios que me habían vendido era lejano y severo, no me interesaba. Sin embargo, mi primo comenzó a hablarme de otro Cristo, cercano y amable, un Jesús de Nazaret de carne y hueso que podía ayudarme a mí. Solo me puso una condición: que durante el tiempo en el que me hablaba de su Cristo, yo no estuviese drogado.

Fue en ese verano caluroso en Asturias, mi tierra natal. Recuerdo a mi primo llegar a la granja en el bochorno de la tarde a hablarme de su Cristo. La granja estaba en la montaña, pertenecía a mi hermano y por aquel tiempo yo era su único habitante, estaba allí con el propósito de dejar la droga una vez más (lo había intentado muchas veces, pero sin resultado). Cuando él llegaba a hablarme del evangelio de la salvación, sus palabras tenían algo mágico, me calmaban y eran como un bálsamo a mis heridas, el Dios que me estaban presentando era muy distinto al que yo creía conocer, este Cristo al que mi primo parecía conocer tan bien era alguien cercano y amable, alguien familiar que me extendía la mano para llevarme de vuelta a casa.

Entonces tenía 26 años. Durante aquella semana me explicaron la historia de Jesús con detalle, recuerdo que yo bebía cada palabra y me daba cuenta de que Él era la libertad que tan desesperadamente buscaba por otros caminos. Pero el evangelio de la Verdad tiene un final, y después exige un compromiso, no puedes quedarte indiferente, o lo abrazas o lo rechazas, pero debes tomar partido. También recuerdo que tenía mucho miedo, pues aunque sabía que allí estaba la Verdad, no me sentía a la altura de lo que me exigía, tenía miedo de fallar, no tenía confianza en mí mismo y creía que solo contaba con mis propias fuerzas. Así que le dije a mi primo que me dejara tiempo para tomar una decisión, que era algo muy importante y no podía actuar a la ligera, pero en realidad solo era una excusa para ganar tiempo, pues yo no quería tomar una decisión... Sí, tenía miedo, me aterraba el compromiso.

Sin embargo, Dios tenía otros planes, mi primo me dijo que tenía que tomar una determinación esa misma noche pues él se iba a Bélgica y no quería dejarme sin saber cuál camino había decidido conducir mi vida. Sin duda que aquella noche fue la noche más larga. Allí, bajo las estrellas, en aquella granja escondida en la montaña, yo estaba sudando, y no solo por la temperatura. ¿Y si es todo una mentira? ¿Y si vuelves a la droga una vez que ellos se vayan? Esas preguntas y dudas martilleaban mi cabeza insistentemente, yo no quería comprometerme, tenía miedo, no me sentía capaz, ¿por qué tenía que definirme?

El tiempo transcurría lento, también él parecía cansado, la película de mi vida pasaba por mi mente, mis recuerdos de la infancia, mis fantasías, la dura realidad de mi adolescencia y juventud... entonces hice algo, algo decisivo que me ayudó a poner las cosas en su sitio, me imaginé una balanza de esas con un platillo a cada lado, en uno puse todo lo que yo había recibido del mundo en 26 años de vida, y comprobé que tenía que ver con soledad y frustración, mientras que en el otro platillo puse tan solo una semana de lo que yo había escuchado acerca del evangelio de la salvación, comprobando que tenía que ver con compañía y esperanza. Entonces lo vi claro, pues solo una semana conociendo de Cristo y su amor por mí, inclinaba la balanza a favor suyo contra 26 años de vida sin Él.

Aquella noche, el 8 de Septiembre de 1988, sucedió el milagro, hice una sencilla oración entregando mi vida a Jesús de Nazaret con plena conciencia del paso que daba y del compromiso que adquiría. Tuve el coraje de pedirle que guiara mi vida y la valentía de renunciar a la que había llevado hasta ese momento. ¡Entonces no podía ni imaginarme lo que Dios iba a hacer conmigo! Después de mi lucha interior y de haber tomado la mejor decisión de mi vida, me había quedado profundamente dormido. Esa mañana amaneció un día azul y despejado, mi primo llegó, y al descender del coche yo me asomé a la ventana. No le dije nada, solo lo miré, y después de unos segundos de mantener sus ojos en mí, por su rostro comenzaron a rodar lágrimas de gratitud. No hubo necesidad de palabras ni explicaciones, mi cara era un espejo de mi alma, había encontrado la Verdad y las anclas de mi vida. *"Porque este hijo mío estaba muerto y ha vuelto a la vida, estaba perdido, y ha sido hallado"*.[74]

Pocos días después tomé la decisión de viajar a Bélgica con mi primo. Él estaba a punto de retomar sus estudios de Teología, y después de hablar con el director del seminario, me admitieron como el ayudante del jefe de mantenimiento del edificio. Era un hombre inmenso llamado Henk, con apariencia de duro, pero como comprobaría poco después, con un corazón noble y compasivo.

El seminario estaba ubicado en un antiguo monasterio, era un edificio imponente rodeado de bosques y jardines, donde los monjes con el paso de los años habían plantado árboles y plantas de

---

74. Ver Lucas 15:24

todo tipo y tamaño. De repente me vi envuelto en un ambiente de jóvenes cristianos comprometidos, que estaban allí para prepararse bíblicamente y poder cumplir su vocación. ¡No me lo podía creer! De ser un chico sin rumbo ni esperanza y atrapado en la heroína, pasé en cuestión de varios días a convertirme en un hijo de Dios con dignidad, y a vivir en un lugar donde me encontré rodeado de personas con un llamado y una voluntad de servicio al prójimo. Mi trabajo consistía cada mañana en levantarme al amanecer, y armado con una pala y un rastrillo recoger las hojas, cortar los setos, y regar las flores que bordeaban el camino hacia el bosque. La Biblia dice que *"los cielos cuentan la gloria de Dios y el firmamento anuncia la obra de sus manos"*,[75] yo lo comprobé. Nunca olvidaré aquellos días entrañables donde el canto de los pájaros, el azul del cielo, el olor a hierba mojada, y el susurro del aire entre las hojas verdes, marrones y rojizas del inminente otoño, me hablaban tan elocuentemente del Dios creador de todas las cosas. Meses después me bauticé y me regalaron un cuadro bordado con un versículo de la Biblia en la carta a los Corintios, que aún sigo recordando como un versículo clave en mi vida: *"Si alguno está en Cristo, nueva criatura es, las cosas viejas pasaron he aquí todas son hechas nuevas"*.[76]

La Biblia afirma que somos *"más que vencedores por medio de aquel que nos amó"*,[77] yo nunca había entendido bien lo que esto significaba hasta que un día alguien me lo explicó. Imagínate que asistes a un combate de boxeo donde está en juego el título de campeón mundial de los pesos pesados. Al ganador le espera un cheque millonario. Comienza el primer asalto y los dos púgiles se van tanteando, los golpes se suceden por partes iguales y llegan al último asalto sin que haya un claro vencedor, pero en el último minuto uno de ellos lanza un gancho directo a la mandíbula de su oponente y lo derriba por KO técnico. El árbitro levanta la mano

---

75. Ver Salmo 19
76. 2 Corintios 5:17
77. Ver Romanos 8:28-39

del ganador (que también ha recibido lo suyo pues tiene un ojo amoratado, la ceja partida y el labio hinchado) y lo proclama campeón mundial de los pesos pesados entregándole el valioso cheque.

> **NUNCA OLVIDARÉ AQUELLOS DÍAS ENTRAÑABLES DONDE EL CANTO DE LOS PÁJAROS, EL AZUL DEL CIELO, EL OLOR A HIERBA MOJADA, Y EL SUSURRO DEL AIRE ENTRE LAS HOJAS VERDES, MARRONES Y ROJIZAS DEL INMINENTE OTOÑO, ME HABLABAN TAN ELOCUENTEMENTE DEL DIOS CREADOR DE TODAS LAS COSAS.**

El hombre llega a su casa, y cuando su mujer le abre la puerta, se queda asombrada y dolida al ver su castigado rostro. El hombre no dice nada, solo le extiende el cheque, y cuando ella lo toma… ¿Sabes quién fue en realidad el vencedor? Piénsalo por un momento… ¿Quizá has pensado que fue ella la vencedora? Pues no, te has equivocado, el vencedor fue el boxeador, y cuando él le extiende el cheque a su mujer y ella lo coge, ella fue "más que vencedora" porque sin recibir ni un solo golpe fue beneficiaria de un cheque millonario. ¿Interesante verdad?

Con los años aquel boxeador invirtió su dinero comprando una compañía naviera, y al primer buque fletado que construyó le puso por nombre *"más que vencedores"*. Eran los años donde muchos inmigrantes cruzaban el océano para buscar un futuro más esperanzador. Una familia a la que acababa de nacerle un hijo, decidió embarcarse rumbo hacia esa vida mejor. El tiempo pasó, y mientras el hijo se hacía un adolescente sus padres fallecieron en un accidente de automóvil. El joven, al que sus padres le hablaban de la patria que habían dejado buscando mejores horizontes, decide regresar a su país de origen, embarcándose en un trasatlántico, sin apenas recursos, y habiendo gastado gran parte de su dinero en el costoso pasaje.

Ignorando que la travesía duraba semanas había preparado unos sándwiches y alguna pieza de fruta. Al cabo de pocos días sus escasas provisiones se acabaron, y mientras tanto el joven observaba cómo los camareros regresaban de los amplios comedores con los restos de la comida servida. Tímidamente, acercándose a uno de ellos. le mendigó un poco de pan. El camarero extrañado le preguntó: ¿usted tiene billete? A lo que el joven le respondió que sí. El camarero entonces le dijo: usted no tiene que mendigar las sobras, cada vez que toque comer debe bajar al comedor y sentarse para que le sirvamos, pues las comidas están incluidas en el billete. Moraleja: *no saberlo, es no tenerlo.*

EL SACRIFICIO DE CRISTO EN LA CRUZ LES OTORGA UN BILLETE QUE LES DA DERECHO A VIAJAR COMO PASAJEROS POR LA TRAVESÍA DE LA VIDA RUMBO A LA ETERNIDAD. DEJAMOS DE SER HUÉRFANOS Y NOS CONVERTIMOS EN HIJOS, DEJAMOS DE SER APÁTRIDAS Y NOS CONVERTIMOS EN CIUDADANOS DEL REINO CELESTIAL.

Lamentablemente, muchas personas viven como polizones o mendigos, sin ser conscientes de que el sacrificio de Cristo en la cruz les otorga un billete que les da derecho a viajar como pasajeros por la travesía de la vida rumbo a la eternidad. Dejamos de ser huérfanos y nos convertimos en hijos, dejamos de ser apátridas y nos convertimos en ciudadanos del Reino Celestial. Por eso un principio importante es que "no saberlo, es no poder disfrutarlo". Por cierto, ¿sabes cuál era el nombre del buque? Sí, era el primer buque construido por el boxeador, era el "más que vencedores": *"antes en todas estas cosas somos más que vencedores por medio de aquel que nos amó. Por lo cual estoy seguro de que ni la muerte ni la vida, ni ángeles, ni principados, ni potestades, ni lo presente, ni lo por venir, ni lo alto, ni lo profundo, ni ninguna otra cosa creada, nos podrá separar del amor de Dios, que es en Cristo Jesús señor nuestro".*[78]

Llegamos al propósito principal de este relato. Esta es la obra mayor que vino a completar el Enviado del Padre, su misión en la tierra fue morir en una cruz por cada uno de nosotros para ofrecernos el regalo de la vida eterna, y para que, sabiéndolo, podamos disfrutar de todos los beneficios de semejante billete. Él, Jesús de Nazaret recibió todos los golpes y las afrentas, fue torturado, crucificado, y como vencedor sobre el imperio del mal y la muerte, nos extendió a cada uno de nosotros su "cheque millonario", que en realidad no tiene precio pues es un pasaporte a la salvación, la luz y la vida eterna. Cuando tenemos la valentía de recibir ese cheque y apropiarnos de él, entonces se obra el milagro pues Cristo fue el Vencedor, y tú sin recibir ni un solo golpe fuiste hecho por la gracia de Dios, *más que vencedor.* Sí, hay que detenerse, hay que pensarlo...

Ahora —y esta es la parte más importante de nuestra aventura juntos— te pregunto algo trascendental: ¿Tienes tú ese cheque millonario? ¿Quieres pasar de apátrida a ciudadano? ¿Quieres tener clara tu identidad? En definitiva, ¿quieres pasar de huérfano a hijo? Si es así, espero que la Teoría de las Anclas que te he presentado te lleve a tomar la mejor decisión de tu vida, seguir a Jesús y vivir su Palabra, esa decisión vital que desde un mundo volátil e incierto te lleva de vuelta a casa, a la seguridad del hogar y a una vida con esperanza.

Querido lector llegamos al final de esta historia y travesía, solo recuerda que tú también tienes tu propia historia que debes seguir escribiendo, tu propio rumbo que descubrir. Busca la Verdad personificada en Jesús de Nazaret, no dejes de perseguir el propósito de tu vida y la paz interior que todos anhelamos. Las anclas que te hemos presentado forman parte de ese gran buque llamado "más

---

78. Ver Romanos 8:37-39

que vencedores", cuyo rumbo en medio de un mar embravecido nos conduce hacia el puerto seguro, hacia la luz y la libertad, hacia la ciudad eterna que es nuestro destino final. Hemos encontrado el cheque millonario que nos hace "más que vencedores", el regalo de un premio no merecido, el pasaporte universal que te regala la verdadera ciudadanía para que pases de un mundo líquido volátil e incierto, a un futuro sólido con propósito y a una vida con esperanza. Es la puerta de regreso al hogar, no hay que vagar más como nómadas errantes y a la intemperie, como navegantes a la deriva sin puerto al que regresar. Hemos seguido a la Rosa de los Vientos, hemos hallado la piedra filosofal, el Expediente ALFA, hemos bebido el elixir de la vida, hemos descubierto la mayor historia jamás contada, la mejor de las narrativas posibles, que finalmente nos otorga **anclas de esperanza** en un mar embravecido.

> **HEMOS ENCONTRADO EL PASAPORTE UNIVERSAL QUE TE REGALA LA VERDADERA CIUDADANÍA PARA QUE PASES DE UN MUNDO LÍQUIDO VOLÁTIL E INCIERTO, A UN FUTURO SÓLIDO CON PROPÓSITO Y A UNA VIDA CON ESPERANZA.**

"En el principio era el Verbo, y el Verbo era con Dios, y el Verbo era Dios. Este era en el principio con Dios. Todas las cosas por él fueron hechas, y sin él nada de lo que ha sido hecho, fue hecho. En él estaba la vida, y la vida era la luz de los hombres. La luz en las tinieblas resplandece, y las tinieblas no permanecieron contra ella... aquella luz verdadera que alumbra a todo hombre, venía a este mundo... a lo suyo vino, pero los suyos no le recibieron. Más a todos los que le recibieron, a los que creen en su nombre, les dio potestad de ser hechos hijos de Dios".[79]

---

79. Ver Juan 1

LA TEORÍA DE LAS ANCLAS

Familia: *Raíces de pertenencia y sentido de raigambre*

Integridad: *Un código de honor por el cual conducirnos*

Esperanza: *Un futuro y un puerto seguro al cual llegar*

Verdad: *Una persona y una causa por la cual vivir y morir*

Amor: *El auténtico sentido y motor de nuestra existencia*

ANCLAS DE
ESPERANZA
EN UN MAR
EMBRAVECIDO

"Yo soy el camino, la verdad y la vida..."

Tu decisión...

BIBLIOGRAFÍA

- Baños, Pedro, *El dominio mental*. Ariel, Barcelona 2020

- Bauman, Zygmunt, *Modernidad Líquida*. Fondo Cultura Económica, Argentina 2000

- Bauman, Zygmunt, *Vida líquida*. Austral, Madrid 2005

- Byung-Chul, Han, *La sociedad del cansancio*. Herder, Alemania 2010

- Byung-Chul, Han, *Infocracia, la crisis de la democracia*. Taurus, Alemania 2022

- Cruz, Antonio, *¿La ciencia encuentra a Dios?* CLIE , Barcelona 2004

- De la Gándara, Jesús, *Cibernícolas*. Plataforma, Barcelona 2016

- Esquirol, José María, *La Resistencia Íntima*. Acantilado, Barcelona 2018

- Fromm, Erick, *Miedo a la Libertad*. Paidós, edición conmemorativa, Barcelona 2004

- Harrison Glynn, *Una historia mejor*. Andamio, Barcelona 2018

- Hutter, José, *Europa en la encrucijada.* Mundo Bíblico, Madrid 2013

- Laje, Agustín, *Generación idiota.* HarperCollins, México 2023

- Lapoujade, María Noel, *Perspectivas de la imaginación. Las sociedades gaseosas,* Heúresis Mexico 2022

- Lemieux, Pierre, *La soberanía del individuo.* Unión Editorial, Madrid 1992

- Lipovetsky, Gille, *La era del vacío.* Anagrama, Barcelona 2003

- McLaughiln, Rebbeca *El credo secular.* B&H, Nashville 2022

- Moltmann, Jurgen, *Teología de la esperanza.* Sígueme, Salamanca 1965

- Rojas Estapé, Marian, *Cómo hacer que te pasen cosas buenas.* Espasa, Madrid 2019

- Saad, Gad, *La mente parasitaria.* Deusto, Barcelona 2020

- Scolari, Carlos, *Cultura Snack, lo bueno si breve.* La Marca, Madrid 2021

- Sola, David, *Amar es más sencillo.* DSM, Barcelona 2006

- Torralba, Francesc, *Mundo volátil.* Kairós, Barcelona 2018

- Vidal, César, *Un mundo que cambia.* Agustin Agency, USA 2020

- Weber, Max, *La ética protestante y el espíritu del capitalismo,* Akal, Madrid 2013